RENOVATION

東京1Rマンションオーナー必読！

リノベーション投資入門

リズム株式会社
寺内直哉
Naoya Terauchi

SOGO HOREI PUBLISHING CO., LTD

はじめに

この本を手に取っていただき、誠にありがとうございます。

本書は、「東京のワンルームマンション経営に興味のある方」や「すでに東京でワンルームマンション経営を実践されている方」を対象に、「**リノベーション**」という投資手法について書いた解説書です。

リノベーションとは、「**設備更新や間取り変更を伴う大規模な工事を行い、居住空間を魅力的に生まれ変わらせること**」を指します。

みなさんは「リノベーション」という言葉を聞くと、家賃の下落や長期空室に苦しむ大家さんが、「これ以上損失を膨らませたくない」という消極的な理由から、いたし方なく行うものだというイメージをお持ちになるかもしれません。

しかし、数ある不動産投資の中でも際立って安定性の高い東京ワンルームマンション投資を、あえて〝攻め〟の姿勢でリノベーションすることの「**収益に与えるインパ**

クト」には、目を見張るものがあります。

詳しくは本文で説明しますが、東京ワンルームマンションへのリノベーションは、その出資額に対して10％を超える費用対効果を生むことが多々あります。

リノベーションで変わる不動産投資のスタイル

現在の不動産市場で東京にワンルームマンションを購入しようとすると、得られる家賃を物件価格で割った単純利回りはおおよそ5～6％前後です。そういった市況の中で、利回り換算で10％を超える収益アップは、投資家にとって大きな魅力と言えるでしょう。

当然、リノベーションに向いている物件とそうでない物件はあるのですが、**入居者に対して付加価値の高い空間を創り上げ、「専有面積当たり」の家賃を引き上げることが、高い費用対効果を生み出す〝秘訣〟**なのです。

この投資手法を理解することは、「物件を買って、所有して、売る」という投資家が行う一連のプロセスに、あらゆる面から影響を与えてくれます。

リノベーションは主に、「物件を所有している」間の収益を引き上げる目的で行いますが、仮に10%を超える費用対効果を見込めるなら、「物件を買う」というステージにおいても、「**リノベーションによって家賃が上げられそうな物件を選択する**」というチャンスの拾い方が見えてきます。

また、「物件を売る」ステージでも同様に、他の投資家には見えていない視点を持つことができるようになります。

そういった意味で、本書の内容は「すでに物件を所有している方」はもちろん、「これから物件購入を検討している方」にも、しっかりと役立てていただけるものであると確信しています。

本書の構成

本書では、メインテーマであるリノベーションの話に入る前に、「**不動産投資の仕組み**」や「**東京ワンルームマンションの特徴**」についての解説に相応のボリュームを割いています。

その理由は、「リノベーションがいかに私たちの資産形成に効果のあるものなのか」を、本質的なところからしっかりとお伝えしたいためです。


特に、チャプター1では、事業経営などで必須となる「財務諸表」の考え方を使って、不動産投資のメカニズムを根本的なところから解説しています。不動産投資の全体像を明確に理解することで、資産形成にリノベーションがどのように影響を及ぼすのかが、はっきりとわかるからです。

続いてチャプター2では、「東京ワンルームマンションの特徴」を細かく確認します。「東京ワンルームマンション」と「リノベーション」の相性の良さを、同じく本質的に把握していただくためです。

チャプター3からは、いよいよ本書のメインテーマであるリノベーションの詳しい解説に入っていきます。すでに不動産投資の仕組みや基本的なところを充分に理解している方は、プロローグからチャプター2までは読み飛ばしていただいて良いかもしれません。

一方で、「これから不動産投資を始めようと思っている方」や「始めてはいるけれど、今一つピンときていないという方」は、不動産投資についての本質的な知識を身につけていただくためにも、ぜひプロローグから順を追って精読していただくことをおすすめします。

著者としての思い

私は仕事として「東京ワンルームマンション投資」に20年以上携わっていますが、個人としても15年にわたり、東京ワンルームマンションを中心とした不動産投資を行っています。もちろん現在も、物件の購入や運用、そして売却をリアルタイムに実践中です。

本書では、そんな私自身の個人投資家としての経験も踏まえ、「リノベーション」という投資手法が持っている「**発展的な可能性**」について、包み隠さず詳細に解説していきます。

本書がみなさんの資産形成に少しでも役立つ情報をお伝えできれば、著者としてこれに勝る喜びはありません。

2018年3月吉日　リズム株式会社

寺内　直哉

RENOVATION Contents

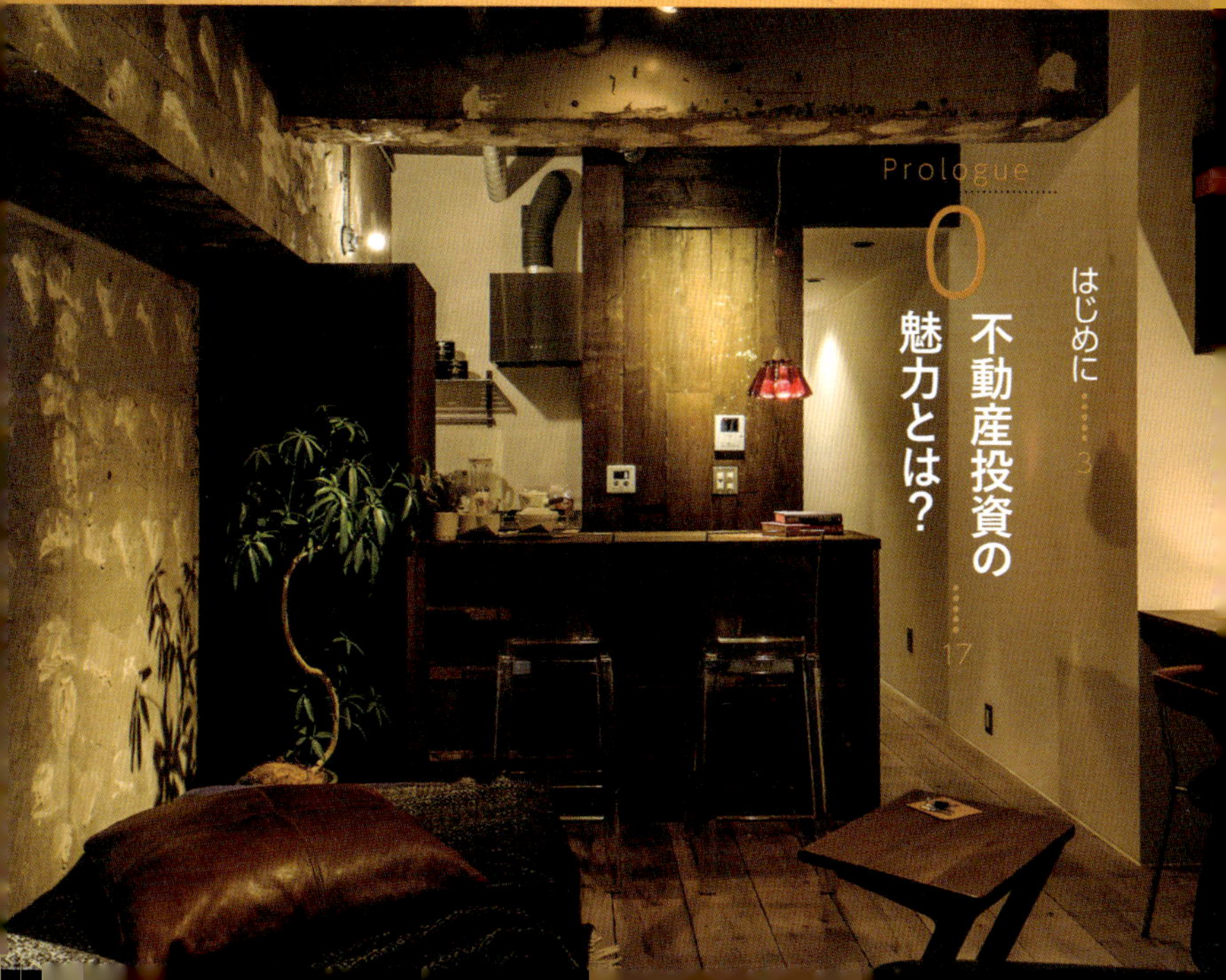

Chapter

1 賃貸業としての不動産投資

Chapter

2 東京ワンルームマンション経営の再確認

Chapter

3 リノベーションの基本的な考え方

Chapter 4

リノベーションの必修項目

Chapter

5 リノベーションの費用対効果

Chapter 6

REISMのリノベーション

Chapter

7 リノベーション実践編 ＋Q&A

Prologue

0

不動産投資の魅力とは?

まずは、そもそも「不動産投資とは何か?」という点から、改めておさらいしてみたいと思います。そこから、不動産投資が持つ「魅力」について、順を追って解説していきます。

基礎から進めることで、「不動産投資」の全体像が、よりスッキリと見えやすくなり、リノベーションという投資手法の位置づけや威力も明確になります。

不動産投資って何?

不動産投資とは、土地や住宅、店舗などの不動産から利益を得ることを目的に、自己資金や銀行のローンなどで用意した資金を物件に投下する経済活動です。

具体的には、所有するマンションやアパートなどを住みたい人に貸したり、土地や店舗などを使いたい人に貸すことで「賃料」という形で収入を得るとともに、不動産自体を売買することで、賃料以外に「売却益」を得たりする取引を指します。

不動産投資は古くから世界規模で行われており、日本でも、江戸時代の長屋を貸す仕組みがその原型と言われています。

江戸時代の土地はすべて幕府の所有であり、庶民はおろか、大名でさえも幕府から土地を借りて年貢を納めていました。しかし、土地を所有することはできないものの、建物を所有することは可能だったのです。そこで、「長屋」という大きな建物に複数の住戸を作り、住民に貸すことで収益を上げるという仕組みができあがりました。

当時の江戸は住居の約7割が借家だったそうで、約4割と言われる現代の賃貸住宅比率に比べて、賃貸派が圧倒的に多かったのです。

つまり、不動産投資は日本でも古くから発達し、現在においても途絶えることのない〝魅力的〟な投資システムと言えるのです。

「ライフプラン」と「マネープラン」

では、なぜ不動産投資は魅力的な投資であり続けるのでしょうか。

生きる上でとても大事な「**ライフプラン**」「**マネープラン**」という2つのプランから、その答えを少しずつ探ってみましょう。


私たちが人生についての計画、いわゆる「ライフプラン」を考えるとき、お金がどうしても必要になってきます。

進学や就職、結婚や子育て、そして老後など、あらゆるライフステージにおいてお金がなければ、充実した人生を送るどころか、日々の生活に事欠くことも十分にあり得ます。

もちろん、お金が人生のすべてでないことは明白ですが、現代的な生活を送っている限り、まったくお金のかからない人生もあり得ません。

つまり、「ライフプラン」を計画する上では、お金についての計画「マネープラン」も同時に考えていく必要があるのです。

マネープランを立てるには、「一生にいくら必要か?」という大まかなイメージとは別に、具体的な収入支出計画や資産形成計画を立て、実行に移すことが肝心です。つまり、働きながらキャリアプランを形成して、より多くの給料やボーナスを稼いだり、稼いだお金をうまく運用して資産を増やしていく必要があります。

お金を稼ぐとは?

そもそも「お金を稼ぐ」とは、どういう仕組みなのでしょうか。

私たちは社会に出て働くなど、自分のパフォーマンス(能力)に時間をかけることで、社会へ何かしらの価値を提供し、その対価としてリターン（報酬）を獲得しています。これを計算式にたとえると、次のようになります。

リターン（報酬）＝パフォーマンス（能力）×時間

リターンを増やすためには、社会に提供できる価値を高めることが重要です。

そのために、私たちは常日頃から仕事のスキルを磨いたり資格を取得することで、専門的な知識を身につけたりキャリアアップを図っています。

また、コミュニケーション能力を磨くことで周囲とのチームワークを強固にし、時間当たりのパフォーマンスをより高めるといった努力や、時には残業や休日出勤など「物理的な時間」を増やすことで、提供できる価値の総量を増やすこともあります。

つまり、「より多くのお金を稼ぐ」ためには、スキルなどを高めて労働単価を上げつつ、なるべく多くの時間を費やすことが必要になるのです。

「不動産が働く」ことの有用性

しかし、私たち1人ひとりの時間は有限です。労働に時間の多くを費やしてお金を稼ぎつつ、家族や友人とのプライベートな時間、家事や貴重な睡眠時間を削ってしまうと、どこかで必ず限界が見えてきます。つまり、マネープランを維持するために、一番大事なライフプランを犠牲にしてしまっては、「本末転倒」ということになりかねないのです。

夫婦共働きであれば、先ほどのリターンを得る計算式を新たに1本加えることができますが、実はもう1つ、自分が働きながらその計算式を得る方法があります。

それこそが「不動産投資」なのです。

先ほどの計算式の例に、不動産を加えると図表1のようになります。

不動産にお金を投下することで、「家賃」というパフォーマンスを発揮する箱モノを、

図表1 時間軸を増やす

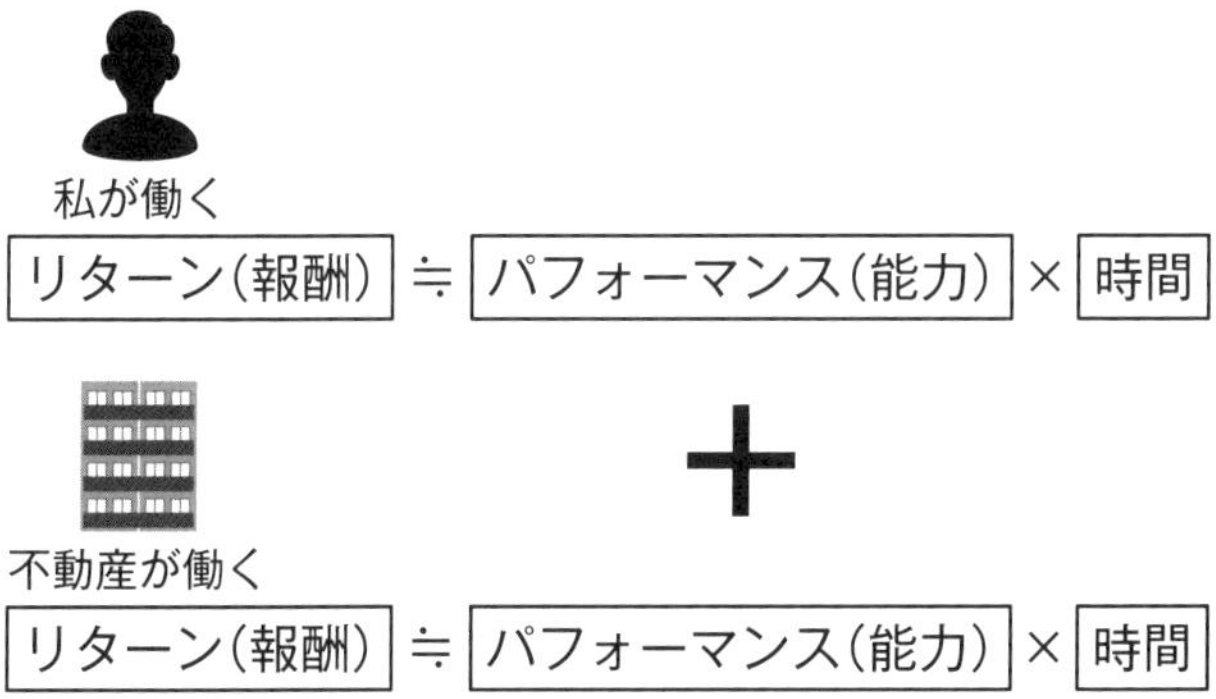

新たに得ることができます。そうすれば、**「私が働く」時間軸にもう1つ、「不動産が働く」という時間軸が加わり、両方から得られるリターンをマネープランの「原資」にすることができるのです。**

「私」と「不動産」がそれぞれの時間軸で働くことで、「私」だけが働いた場合に比べて、将来のリターンがまったく変わってくるはずです。特に「不動産」は「私」と違い、稼働している間は1日24時間常に働き続け、休まずにお金を稼いでくれる頼もしい存在です。

この「**時間軸を増やすことができる**」という点が、これまでの長い歴史において途絶えることなく続いてきた、不動産投資の大きな「魅力」と言えるでしょう。

コピーロボット

みなさんは『ドラえもん』の作者として知られる故藤子・F・不二雄先生の代表作の1つ、『パーマン』というマンガをご存知でしょうか。

ある日、平凡な小学生・須羽ミツ夫の元に、バードマンという宇宙人が訪ねてきます。バードマンは、ミツ夫を正義のヒーロー「パーマン」に任命し、「パーマンセット」という、装着するだけで超人になれる装備を彼に与えます。そして仲間のパーマンたちとともに地球の平和を守る任務を託すというのがストーリーです。

その後のパーマンの活躍ぶりは、ぜひマンガで楽しんでいただければと思いますが、実はこの『パーマン』の中に、先ほどお話しした「時間軸」につながる興味深い設定があるのです。

ミツ夫はパーマンの任務を引き受けたとはいえ、普段は平凡な日本の小学生です。地球の平和を守る一方、学校の宿題やテスト、家のお手伝いもこなさなければなりません。しかし、彼がパーマンであることは誰にも明かしてはいけない秘密であるため、学校の先生やママは、ミツ夫に宿題やお使いを容赦なく言いつけてきます。

そこで、バードマンがミツ夫や仲間のパーマンたちに与えたのが「コピーロボット」です。

コピーロボットは、その鼻を押すことで押した人間や動物そっくりのコピーに変身し、本人の「身代わり」として働いてくれるのです。つまり、変身したコピーロボットが日常生活や仕事をこなしている間、パーマンたちは平和を守る任務に専念できるというわけです。

不動産はコピーロボットと同じ

ここまで話せば、みなさんはおおよその察しがついたかもしれません。

不動産投資でマンションやアパートなどの収益物件を所有することは、まさにこの「コピーロボット」を持つことと同じイメージなのです。

図表2　1人で働くのと2人で働くのを20年間続けると……

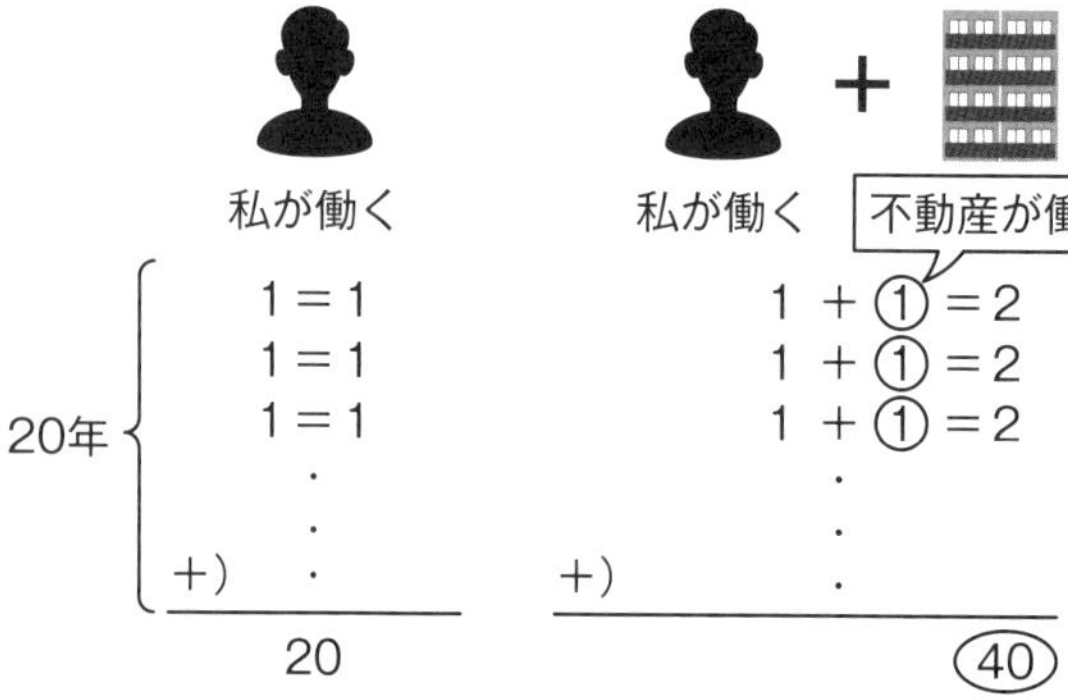

ミツ夫がコピーロボットと役割を分担して、地球の平和と学校のテストを両方こなすように、私たちも「不動産」というコピーロボットを使うと、それまで1つだった時間軸が新たに増え、自分自身と不動産の双方でリターン（報酬）を得られるというわけです。

　不動産は24時間休みなく働いてくれます。不動産をうまく活用することで、私たちが計画したマネープランを2倍にも3倍にも加速させることができます（図表2）。

　そして、さらに本書のメインテーマである**「リノベーション」を施すことによって、「不動産」というコピーロボットを、今まで以上に進化させることも可能になる**のです。

「お金に働いてもらう」ということ

当たり前の話かもしれませんが、コピーロボット、つまり「お金を稼ぐ不動産」を手に入れるためには、物件を購入する必要があります。

お金を預金通帳に持っているだけでは、ごくわずかな利子がつくだけで、将来のマネープランを支えてくれるような大きなお金を稼ぐことは不可能です。つまり、預金やタンスにお金をしまっていては、「お金が働いていない」状態なのです。

もちろん、毎月堅実に少しずつ貯金することで、将来的にお金の総量を増やすことも可能です。ただし、貯めている間のお金も結局は動かずに眠っているだけで、あなたのために働いてはくれません。稼ぐ時間軸が少ないために、「お金が貯まるスピードが遅い」ということになるのです。

では、その眠っているお金を、不動産に変えてみるとどうでしょうか。自己資金だけでまかなえない場合は融資を受ける必要がありますが、いずれにせよ、集めたお金を不動産に投下して順調に稼働させることで、それまで眠っていたお金がどんどん働き出すのです。つまり、お金に働いてもらうことで、「**お金自身が新たなお金を生み出す**」というサイクルにつながるのです。

Chapter

1

賃貸業としての不動産投資

プロローグでは「時間軸を増やすことができる」という、不動産投資の大きな魅力の1つについてお話をしました。次は一歩進んで、不動産投資を事業、つまり「賃貸業」という位置づけで見た場合、どのようなポイントを押さえていくべきかを、会計の知識を学びながら考えていきましょう。

01

■会計の視点から見た不動産投資

不動産投資という「事業」

不動産投資は「投資」とは言うものの、株式やＦＸなどのように「お金を投入して利ざやが出るチャンスをじっと待つ」といったスタイルの投資とは異なります。

不動産投資は主に、以下のような一連のサイクルによって成り立っています。

①資金を集めて物件を買い、

↓

②入居者という顧客を集めて家賃をもらい、

③借入金を毎月銀行に返済し、
↓
④決算書を作って税金を納め、
↓
⑤時には物件を売却して資金を得る
↓

これは「投資」と呼ぶよりも、むしろ「**事業**」や「**ビジネス**」と呼んだほうが、その実態をよく表していると言えます。

つまり、物件のオーナーである不動産投資家には、一般企業と同じように事業を「**経営**」する能力が求められるのです。

仮に、みなさんが中小企業の社長になって、会社を経営することになったとしましょう。

社長は、毎月の売上げや経費といった収支や、資金繰りなどの数字に目を通し、経営判断を下して部下を動かさなければなりません。また、年度ごとに集計された決算書の内容を精査して、株主に説明する機会もありそうです。

そうすると、もともと数字が得意かどうかにかかわらず、社長を務める以上は、一定の「**会計知識**」を持つ必要が出てきます。

世の中には、「会計のことはよくわからないから、経理担当や税理士にすべて任せている」という社長もいるかもしれません。しかし、そんなことでは、会社の運命を丸ごと他人に預けているようなもので、経営者としての資質に欠けていると言わざるを得ないのです。

会計知識の必要性

不動産投資にも同じことが言えます。一般企業と同じく、「事業」や「ビジネス」という性格を持つことから、**投資家自身もある程度の会計知識を身につける必要があります。**

つまり、物件ごとの収支やキャッシュフローなどの数字を見ながら、自分の賃貸経営が順調なのか、それともテコ入れすべきかを速やかに判断し、迫り来るさまざまなリスクへの対応や、より効果的な運用を模索すべきなのです。

そして、本書のテーマである「リノベーション」によって、物件の〝稼ぐ力〟を鍛え上げるためには、**会計の知識をある程度マスターして、「数字」でコントロールすることがとても重要です。**物件そのものの価値向上だけでなく、「きちんと稼ぐ」物件に仕立て上げるのがリノベーション、そして本書最大の狙いでもあるのです。

会計の仕組みは個人や法人の違い、業種などによっていろいろと複雑なため、ここでは、

「個人」が収益不動産を持ち、確定申告する場合

に絞って解説することにします。詳細な専門用語の理解までは必要ありませんが、不動産投資の全体像を俯瞰《ふかん》的に捉えられるよう、大まかなイメージを押さえていきまし

ょう。

財務三表を日常生活にたとえると？

とはいえ、会計知識のイメージを持つことは、今まで仕事などで会計に関わらなかった人にとって若干とっつきにくい感じがするかもしれません。

そこで、みなさんにわかりやすいよう、ここでは会計の仕組みを「日常生活でのお金」に置き換えて、会計の本質的な部分を理解してみましょう。何事も身近なたとえから勉強したほうが、楽しく早く上達できるものです。

まず、会計では3つの財務諸表、いわゆる「**財務三表**」がとても重要になります。これを会計年度ごとに作成すると、事業の成績や状態などを示す「期末決算書」になります。

会社などでは「決算」や「決算書」という言葉を聞くことがあると思いますが、この財務三表こそが、決算書の核になる部分と考えてください。

財務三表は、以下の内容で構成されています。

・キャッシュフロー（CF　Cach flow）⇩お金の流れはどうなっているか？
・損益計算書（P／L　Profit & Loss）⇩利益はどのくらい出ているか？
・貸借対照表（B／S　Balance Sheet）⇩資産と借入の状態はどうか？

これらを日常生活に置き換えると、以下のようなイメージになります。

・キャッシュフロー⇩生活費が「回っている」か？「支払」は？
・損益計算書⇩どのくらい「稼いでいる」か？　生活の「諸経費」は？
・貸借対照表⇩「貯金」や「資産」、「借金」とのバランスは？

いかがでしょうか？　身近な日常生活にたとえると、難しく思われがちな財務三表も意外にシンプルなものであり、それぞれが互いに影響を与え合っているということがわかります。

そして、「お金が回っているのか？」「どのくらい稼いでいるのか？」「資産と借金のバランスは？」という観点は、日常生活と同じく、当たり前のように経営上も押さえ

図表3 財務三表（P/L、B/S、CF）

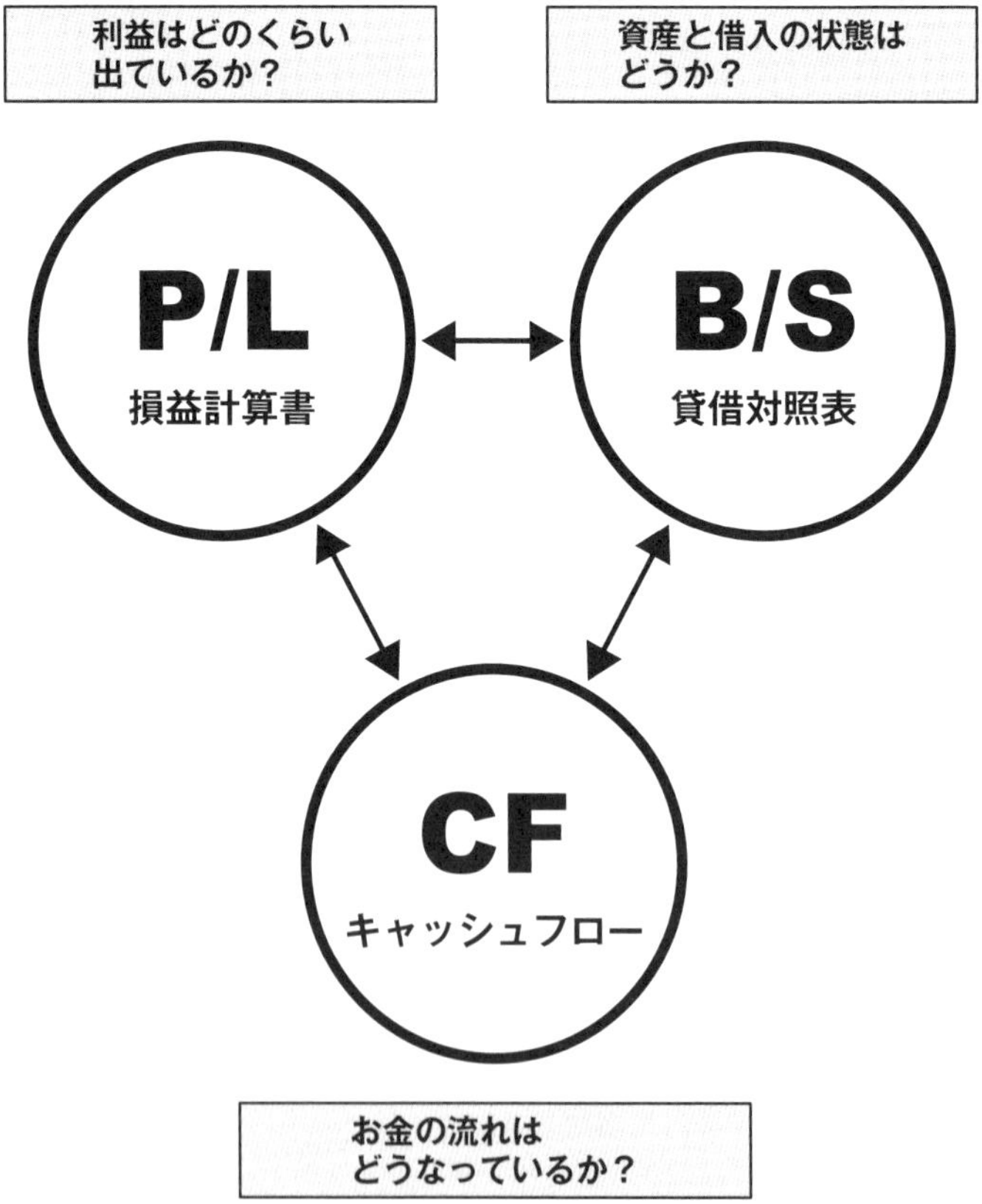

るべき重要なポイントだと思えてくるのではないでしょうか（図表3）。

では、財務三表の中でも一番とっつきやすい「キャッシュフロー」から解説していきましょう。

「キャッシュフロー」＝通帳のお金の流れ

キャッシュフロー（以下、CF）はその名前のとおり、**お金の流れ（出入り）がどうなっているか**を表しています。不動産投資でも用語の1つとして頻繁に使われているので、ご存知の方も多いと思います。

みなさんも日常生活で、預金通帳から給与やボーナスの入金、生活費や公共料金、カードの引き落としといった「お金の出し入れ」をしていると思いますが、不動産投資のCFも、「お金の流れ」という意味では基本的に同じことをしています。

賃貸物件から得られる家賃が通帳に入ってくるとともに、管理委託料や修繕積立金などの経費の支払い、そして銀行への返済や金利を差し引くと、一体いくらの手残りがあるのか。つまり、不動産投資でも通帳を見れば、大体のお金の流れがわかるので

図表4 キャッシュフロー

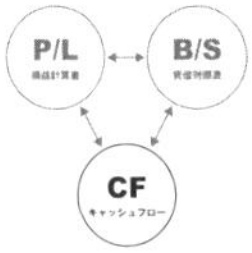

潜在総収入		**1,200,000円**
空室損		−60,000円
運営費		−300,000円
	管理費等	−200,000円
	内装費	−20,000円
	固都税	−50,000円
	管理委託料	−30,000円
年間手取家賃		**840.000円**
年間ローン支払金額		−400,000円
税引前CF		**440,000円**
支払税金		−140,000円
税引後CF		**300,000円**

通帳のお金の流れと同じ

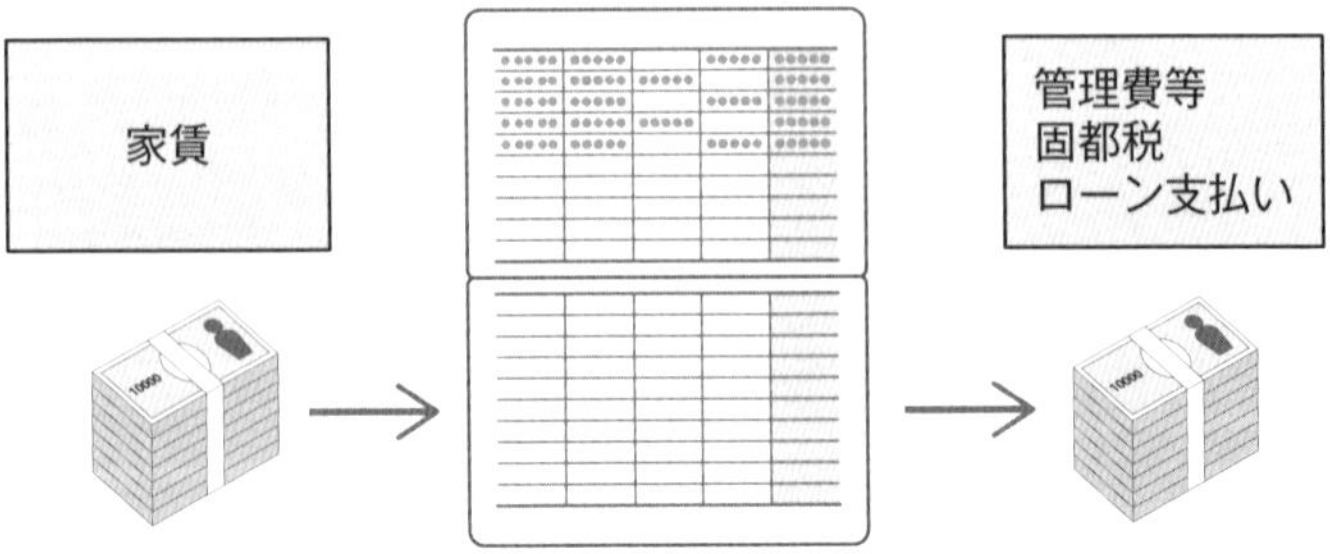

す（図表４）。それを、財務会計のルールに沿って集計しようというのがＣＦの考え方になります。

キャッシュフローツリーとは

ただし、通帳でお金の出入りだけを見ていても、自分自身の賃貸経営の全体像がなかなか見えてこなかったり、課題を把握しにくいかもしれません。また、投資家としては、実際に物件を所有する前に諸々の試算をしたいものです。そこで役に立つのが、**「キャッシュフローツリー」**と呼ばれる、お金の流れを順を追って確認する表です。

詳しくは後ほど説明しますが、「キャッシュフローツリー」では、年間最大で想定される家賃から、管理費やローンの支払いなどを差し引くことで、最終的に手元に残るお金がいくらになるかを確認していきます。

本書では、「キャッシュフローツリー」をより視覚的に把握できるよう、図解で表現しています。図表５を使って説明しましょう。

ブロックの一番左側にある**「潜在総収入」**とは、常に入居者がいた場合における、年間家賃収入の最大値を指します。この潜在総収入が「入ってくる」お金のトータルと考えてください。

しかし、実際の賃貸経営では常に入居者がいるとは限らず、入退去などで空室期間が発生する場合もあるはずです。そこで一定割合の「**空室損**」を想定しておき、潜在総収入から差し引く必要があります。

一般的には、その賃貸物件が地方なのか都心なのかといったエリアや、木造なのか鉄筋コンクリート造なのかといった構造などによって、試算する際の空室損を調整します。

東京23区のワンルームマンションで試算する場合には、賃借人の平均入居期間約3年に対して、入替時の空室期間を約60日と想定し、年間家賃の5％くらいを空室損として試算するケースが一般的となります。

当然、地方や木造の物件の場合には、よりシビアな試算が無難と言えるでしょう。

次に、管理会社に支払う管理委託料や、マンション管理組合に支払う建物管理費や

図表5 キャッシュフローツリー

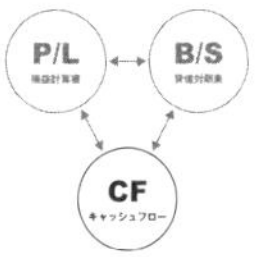

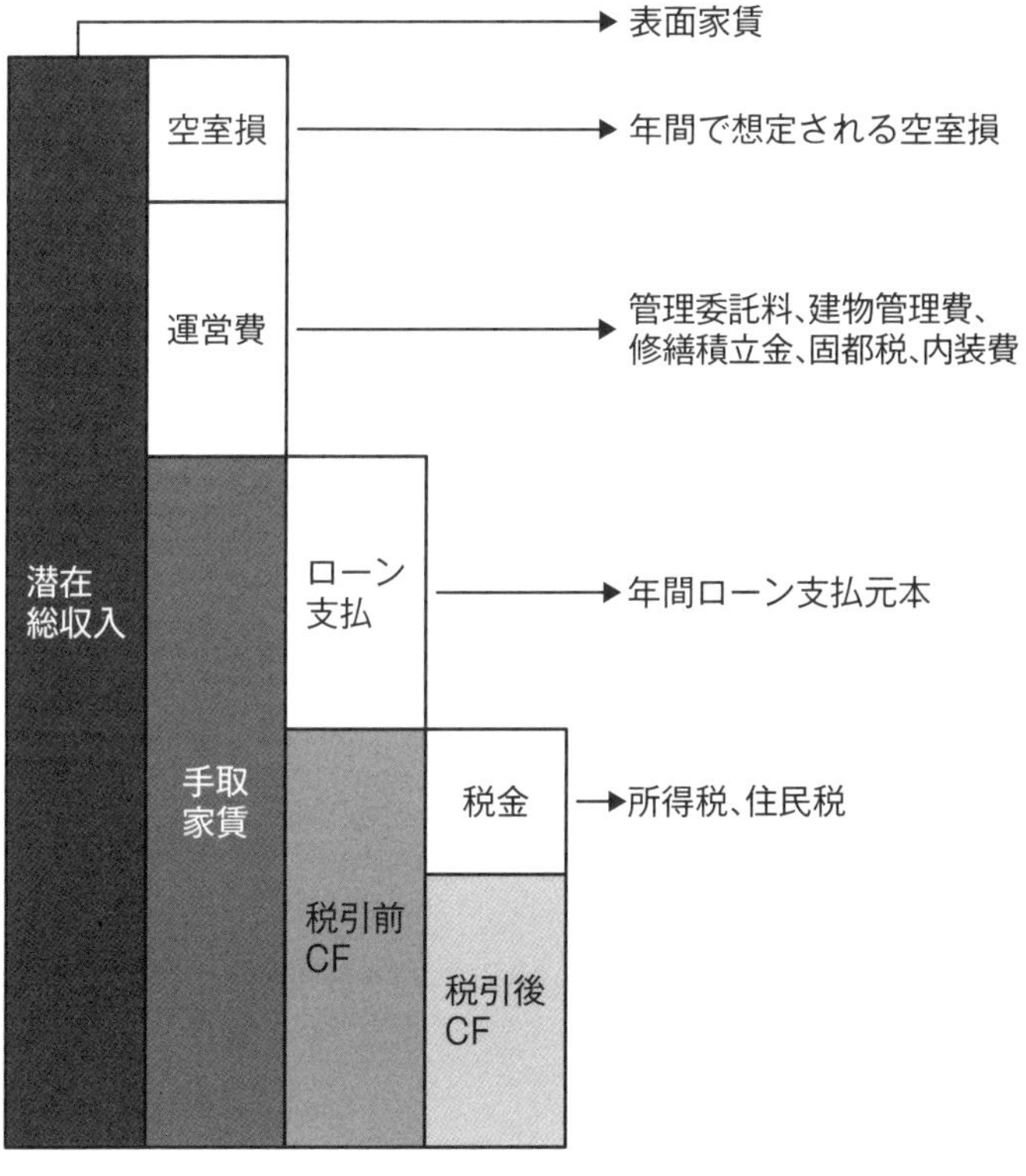

修繕積立金、あるいは固都税（固定資産税／都市計画税）、内装費といった、賃貸借経営を行う上で負担しなければならない経費があります。これらを総じて「**運営費**」と呼びます。

図表5の左から2本目のブロックで、「潜在総収入」から「空室損」と「運営費」を差し引くと、残ったお金が想定できる「**手取家賃**」ということになります。

ただし、この「手取家賃」のすべてが自由に使えるお金というわけではありません。銀行などの融資を受けて物件を購入した場合は、ローンを返済する必要があります。そこで、左から3本目のブロックで「手取家賃」から「ローン支払」を差し引くと、残ったのが「**税引前ＣＦ**」と呼ばれるお金になります。

そして最後、一番右のブロックでは、確定申告や期末決算書から算出して支払う所得税や住民税などの「税金」を、「税引前ＣＦ」から差し引きます。ここで初めて、「1年間に自分が使うことのできる税引後ＣＦがいくら残ったか？」というお金の流れが見えてくるのです。

このようにCFでは、入居者から受け取る家賃収入から始まり、各種支払いを差し引いていった後に、手残りの現金がいくらあったかを確認できます。これらは、実際の不動産投資でもほぼ同じ流れなので、イメージを掴みやすいのではないでしょうか。

ただし、ここで押さえておくべきポイントがあります。それは、**空室損や内装費といった、実際に発生する前の経費も「想定値」として試算している**点です。

不動産投資では、定期的な入居者の入替はつきものであり、その際の空室期間や内装費をきちんと想定していなければ、リアルなCFとは言えません。この後の章で、私自身が所有している福岡と東京のマンションのCFの比較も紹介しますが、空室損や内装費は、エリアや専有面積によって大きく異なってきます。

一見、高利回りに見える物件でも、空室が埋まらなかったり、内装費がかさむことで、思っていたほどのCFを得られないケースが多々あります。そのような潜在リスクの高い物件を高値で掴んでしまうことのないよう、想定値をしっかり盛り込んだCFのイメージを持っておきましょう。

「損益計算書」＝商売の儲け

続いて「損益計算書」（以下、Ｐ／Ｌ）にいきましょう。

大阪商人の「儲かりまっか？」「ぼちぼちでんな」という言葉がありますが、Ｐ／Ｌとは、まさにこの「商売がどのくらい儲かっているか？」を表わす計算書になります。

また、Ｐ／Ｌを作成するもう１つの目的として、「税額の算出」があります。個人でも確定申告で収入や支出、控除を計算し、差し引いた「所得」に対していくら所得税を納めるかを計算しますが、Ｐ／Ｌはそのためにも重要な計算書と言えます。

ただし、本章では、「不動産投資の全体像を、一定の会計知識を持って俯瞰的にとらえる」ことをメインテーマにしていますので、ここでは「商売がどのくらい儲かっているか？」という点に絞ってＰ／Ｌの解説を進めます。

補足になりますが、「税額を算出」する際には「減価償却費」という、少し理解しにくい経費項目を考慮する必要があります。この「減価償却費」は、リノベーションが持つ大きなメリットの１つでもあるので、後の章であらためて解説します。

P／Lで利益を「正しく」把握する

先ほどのCFでは、「実際のお金の流れ」と「手元に残るお金がどれくらいあるか？」がわかるようになりました。それに対し、不動産投資におけるP／Lでは、家賃という「売上げ」から、運営費などの「経費」を差し引いた残りから、「いくら利益があるか？」を把握できるようになります。

・損益計算書（P／L）→　売上げ－経費＝「利益」

そして、実は先ほどのCFでも、似たような計算をした箇所がありました。

・キャッシュフロー（CF）→　潜在総収入－空室損－運営費＝「手取家賃」

CFで言うところの「潜在総収入－空室損」は「売上げ」と見ることができ、同様に、「運営費」は「経費」と見ることができます。

つまり、P／Lの「利益」とは、CFでいうところの「手取家賃」とほぼ同じなのです（図表6）。

不動産投資家はP／Lを試算することで、その物件がいくら稼いでいるのか、つまり物件の〝稼ぐ力〟を知ることができます。その際に**キャッシュフローツリーとの関連を考えながら確認することで、想定される空室損や内装費も加味した本質的な〝稼ぐ力〟を確認することができる**のです。

ただし、P／Lでいう〝稼ぐ力〟は、CFの「手取家賃」と意味合いが少しだけ異なるので注意が必要です。どういうことでしょうか？

たとえば、融資を受けて物件を買った場合、毎月のローン支払額の内訳は基本的に、借り入れた「元本」と「金利」に分かれています。「元本」は返済すればするほど、自分の「資産」となって戻ってきますが、「金利」は銀行に支払うお金のレンタル料であり、払ってしまえばそれっきりです。つまり、「元本」部分は経費ではありませんが、逆に、「金利」部分は経費になるのです。

図表6 損益計算とは？　利益とは？

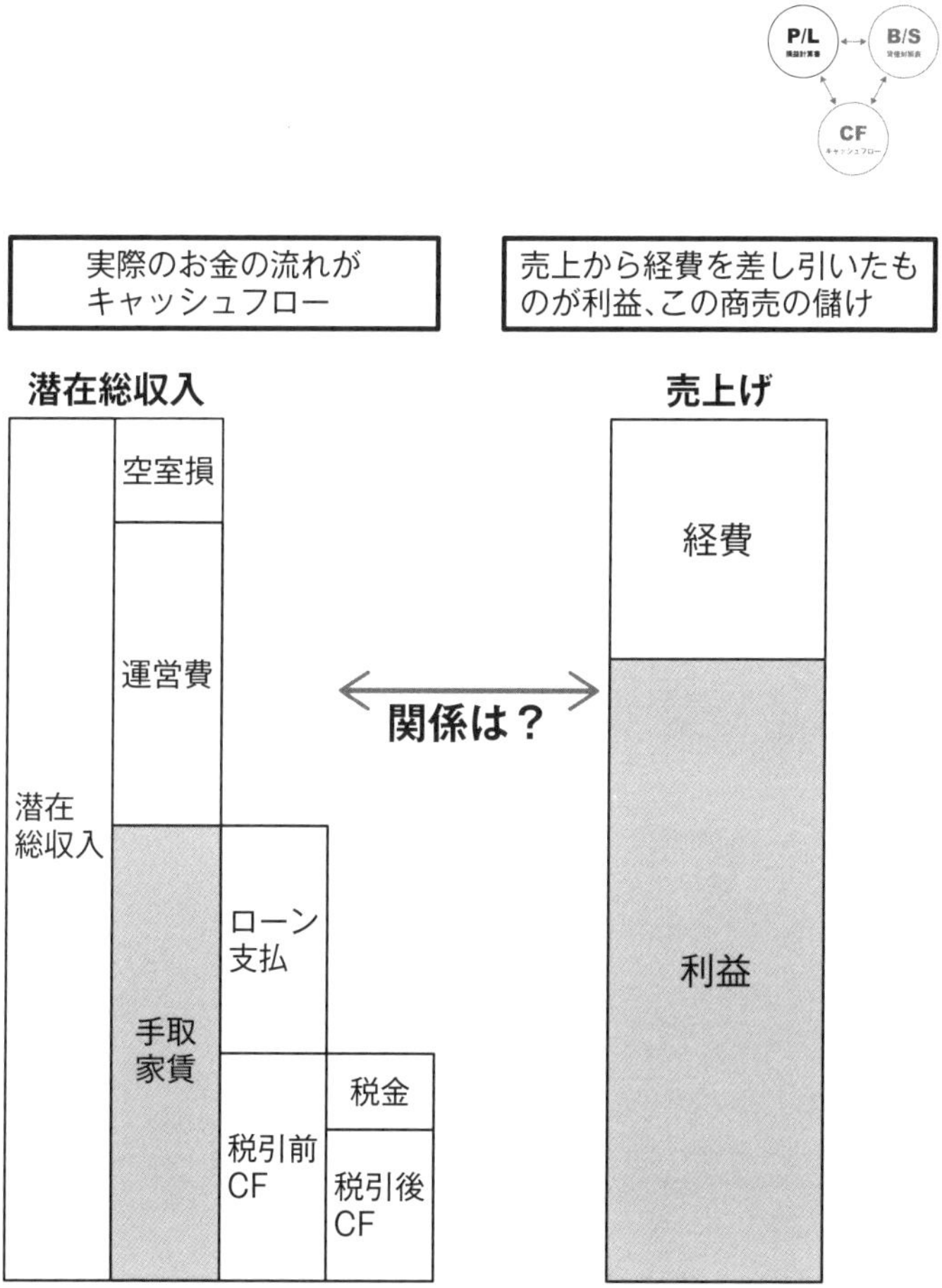

先ほど、P／Lの利益は「売上げ－経費」とお話ししましたが、運営費とともに、ローン支払いのうち金利相当分も経費として差し引いたものが、利益ということになります。

まとめると、不動産投資におけるP／Lで確認できる「いくら利益があるか？」、つまり「どのくらい儲かっているのか？」は、次の式で表すことができます。

・売上げ－経費　＝「利益」

⬇

・売上げ（潜在総収入－空室損）－経費（運営費）－経費（金利）＝「利益」

売上げから運営費のみを差し引いたことで得られる利益を、財務会計では「**営業利益**」と呼び、「営業利益」から金利を差し引いたものを「**経常利益**」と呼びます。

会社経営では、この本業の儲けである「営業利益」と、そこからファイナンス費用を差し引いた「経常利益」を会社の成績表として重視しています。

不動産投資では本業の儲けである「営業利益」とは、つまりは「手取家賃」のこと

図表7〈利益、儲けの源泉〉

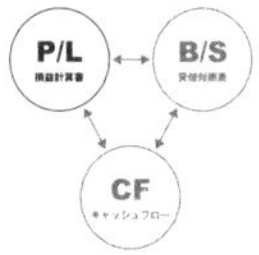
P/L
B/S
CF

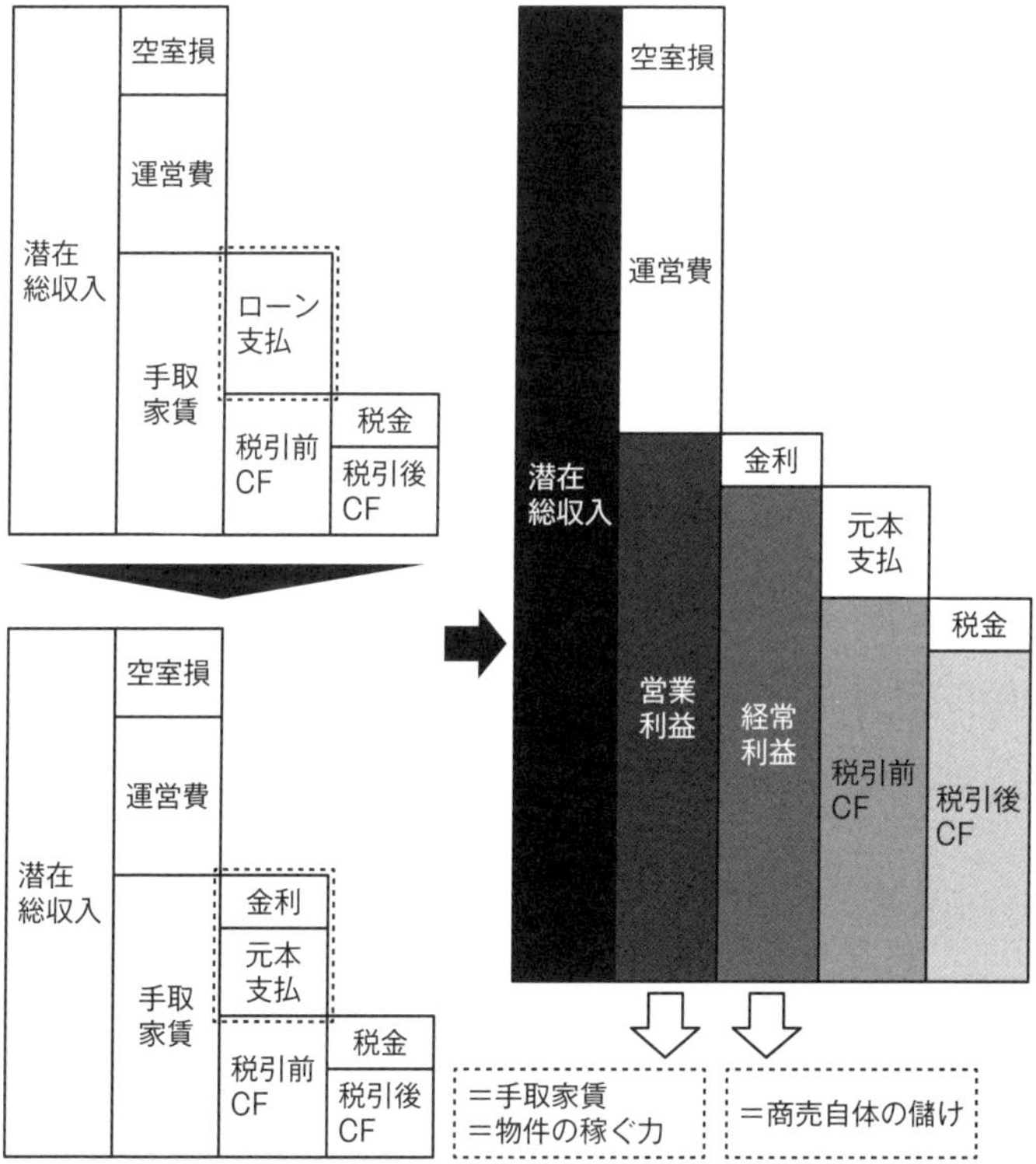
潜在総収入
空室損
運営費
手取家賃
ローン支払
税金
税引前CF
税引後CF
潜在総収入
空室損
運営費
手取家賃
金利
元本支払
税金
税引前CF
税引後CF
潜在総収入
空室損
運営費
営業利益
金利
経常利益
元本支払
税引前CF
税金
税引後CF
=手取家賃
=物件の稼ぐ力
=商売自体の儲け

であり、そこからさらに金利を差し引くことで、いわゆる「**純粋な儲け**」を把握できるのです（図表7）。

金利も重要な要素ではありますが、不動産投資でどのくらい利益を上げられるかに大きな影響を与えるのは、やはり本業の儲けである「手取家賃」であり、別の言い方をすると、物件の〝稼ぐ力〟となります。

繰り返しになりますが、ここでいう「手取家賃」または物件の〝稼ぐ力〟とは、入居者から得られる家賃から単純に管理費や修繕積立金を差し引いただけのものではありません。エリアや構造ごとに異なる年間の空室損や内装費といった、表面化されてはいないものの、想定できるすべての運営費を差し引いた「**正味の利益**」を指します。

そして、本書のテーマであるリノベーションは、まさにこの物件の〝稼ぐ力〟に対して、あらゆる面からアプローチする手法となるのです。

通帳を眺めていると、お金の流れと手残りはわかります。しかし、本質的な「利益」というものは、通帳に印字される数字だけではよく見えてこないものです。

通帳で確認できる手取家賃は、表面化されていない経費を見込む前のものです。また、手取家賃からローン支払いを差引いたものは、あくまで手元に残るキャッシュであり、そのキャッシュと商売上の利益は、似て非なるものです。

想定値を加味したCFとの関連性を頭に入れつつ、P／Lを正しく見据えることで、本当の〝稼ぐ力〟を把握することが可能になると言えるのです。

「貸借対照表」＝資産と借金のバランス

ここまで、CFとP／Lについて解説してきました。財務三表の最後は貸借対照表になります。財務三表それぞれの大まかなイメージとその関連性を押さえることが、不動産投資を本質的かつ俯瞰的に捉えることにつながります。がんばっていきましょう。

貸借対照表（以下、**B／S**）とは、**あるタイミングでの資産と負債、つまり借金などのバランス**を数字で表すことで、その事業経営が健全なのか、あるいは危険なのかを判断する表です。

CFとP／Lは、年度末などの区切りで「期間」の実績（または見込み）を集計した、いわば事業の「成績（見込み）表」のようなものです。それに対してB／Sは、年度末などの「決算日」における経営健全性、つまり事業の「健康診断書」というべきものです。

たとえば、市場で2000万円で取引されている物件を購入した場合、B／S上では、グラフの左側にある「資産」部分が2000万円になります。仮に、その物件を1800万円のローンと200万円の自己資金で購入した場合、グラフ右側の「負債」部分を1800万円、現金で支払った「純資産」部分を200万円という具合に記入します（図表8）。

B／Sの左側には投下された資金の「使い道」、反対に右側は資金の「出所」と考えれば、よりわかりやすいと思います。

「資産」部分が2000万円あったとしても、ローンを完済するまではすべてを自分の持ち分にすることはできません。つまり、現時点では、「負債」の1800万円を差し引いた「純資産」の200万円こそが、自分の本当の持ち分と言えます。

図表8 貸借対照表

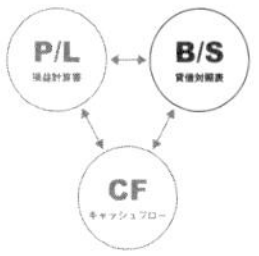
P/L
B/S
CF

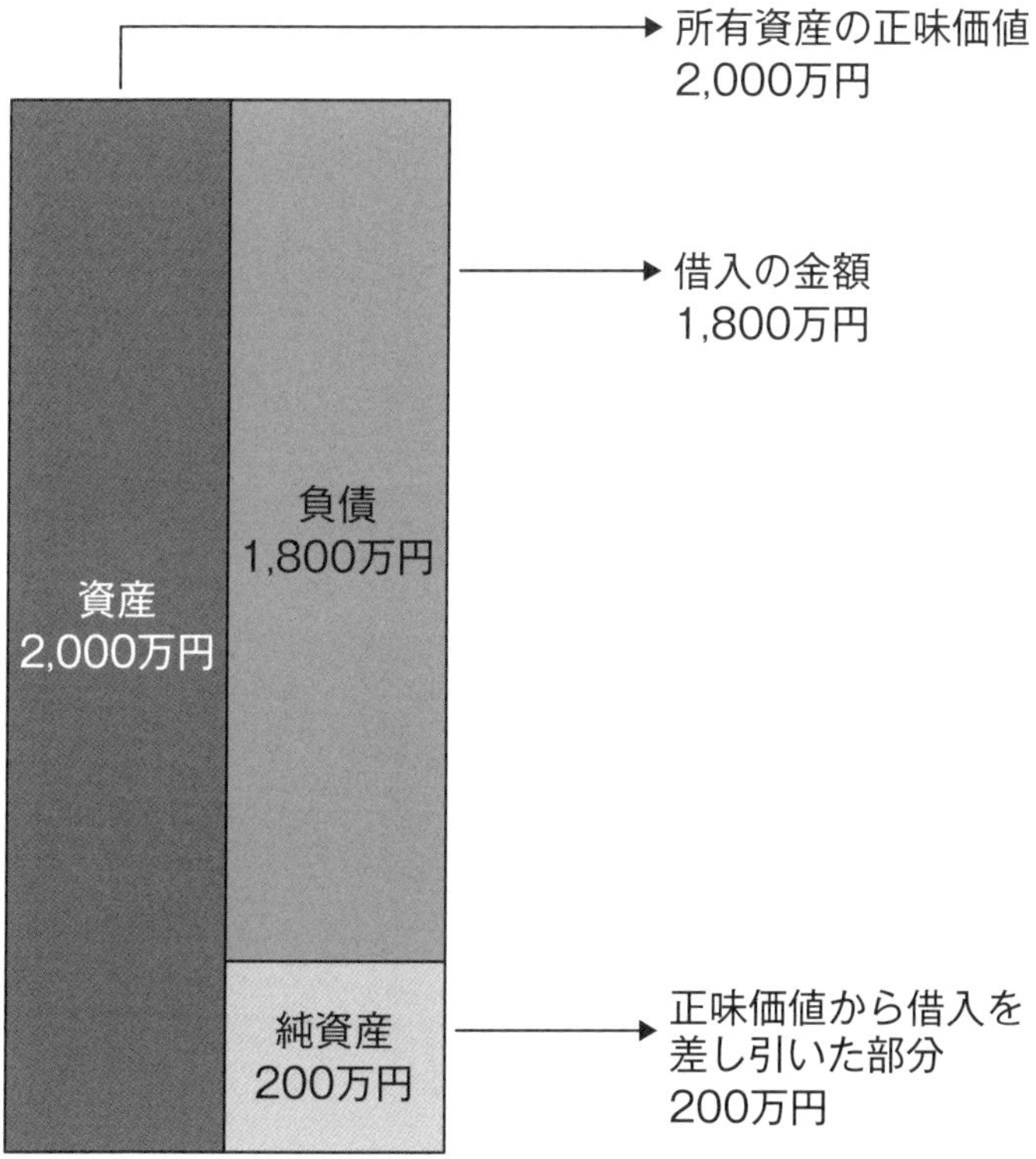
所有資産の正味価値
2,000万円
借入の金額
1,800万円
負債
1,800万円
資産
2,000万円
純資産
200万円
正味価値から借入を
差し引いた部分
200万円

「純資産」の増減でバランスをとっている

B／Sとは「バランスシート」の略ですが、その名のとおり、左側の「資産」と右側の「**負債＋純資産**」の両方が天秤のように左右が同じバランス、つまり金額が同じく吊り合うように作られています。

仮にみなさんが、手持ちの物件を手放すことにしたとします。2000万円で購入した物件でしたが、数年後も価格が同じとは限りません。相場が上がって2100万になっていることもあれば、逆に1900万円に値下がりしている場合もありそうです。これをB／Sに表すと、物件の価格＝正味価値が上がれば、「資産」の部分が増加します。逆に、値下がりで正味価値が下がると、同じく「資産」の部分が減るのです（図表9）。

先ほど述べたように、B／Sの左右は必ず同じ金額でバランスします。「資産」部分が増減しても、「負債」部分は借金を返した額に応じて減るだけですので、あとは残った「純資産」部分が増えたり減ったりすることで、そのバランスを保とうとするのです。

図表9 貸借対照表と物件価格変動

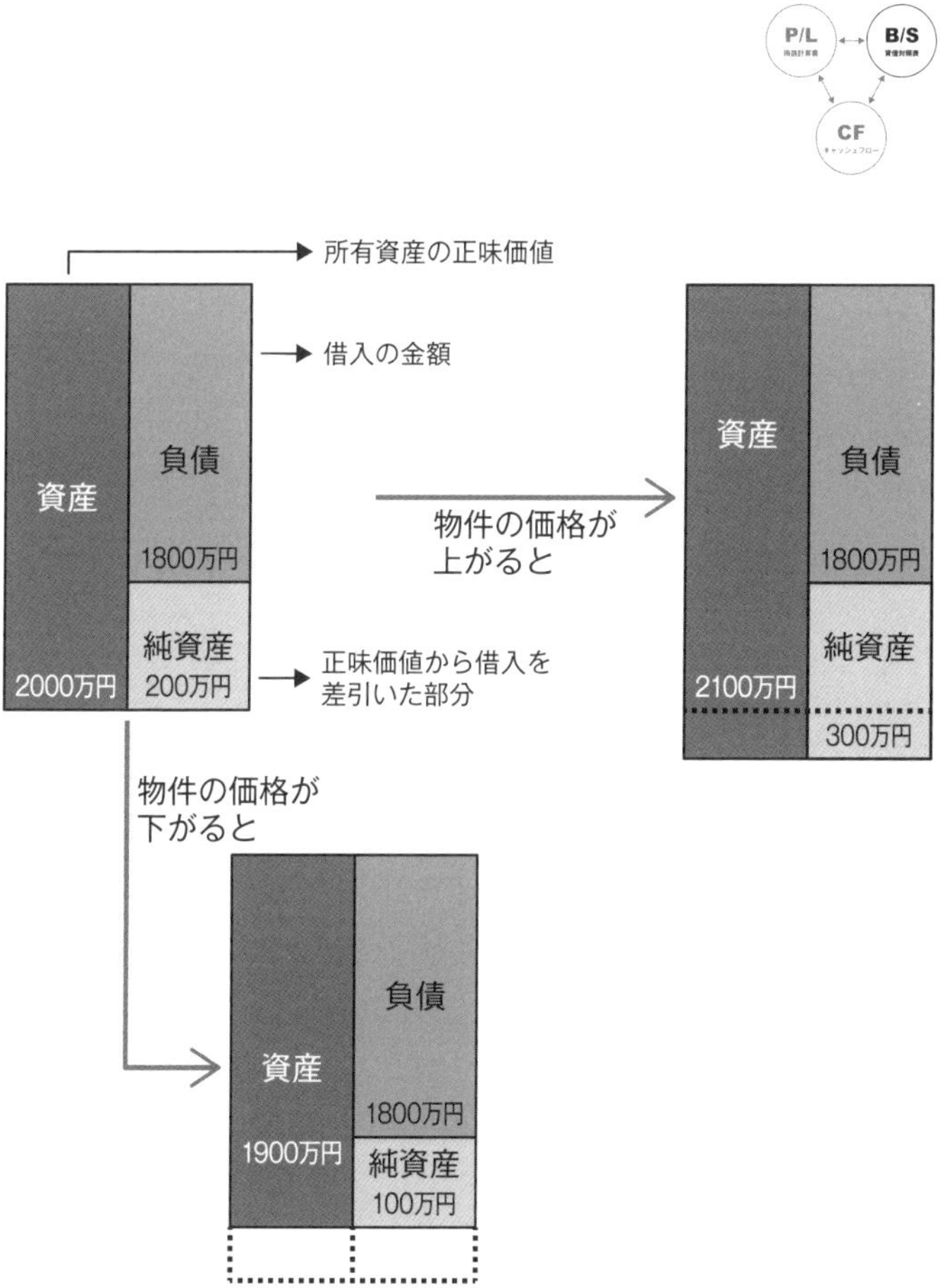

たとえば、2000万円の物件を、1800万円の融資と200万円の現金で買ったものの、売ったら1900万円にしかならなかった場合、差し引き100万円の損です（単純化のために融資残高が減っていない前提としています）。

1800万円を銀行に一括返済してしまえば、元々あった現金200万円は100万円分減ってしまいます。まさにこの消えた100万円こそが「純資産」のマイナスであり、減ることで左右のバランスをとっているのです。

この「**バランスをとる**」という性質があることで、最初にご説明したあるタイミングでの資産と負債または純資産との兼ね合いを計り、「事業経営が健全なのか、あるいは危険なのかを判断する」ことが可能になるのです。

財務三表すべて100点満点の必要はない

以上、財務三表それぞれについて大まかではありますが、ひと通り説明してきました。

三表はそれぞれ「お金は回っているのか？」「どのくらい稼いでいるのか？」「資産と借金のバランスは？」といった、日常生活でも欠くことのできない重要な観点となります。会計の仕組みは、専門的でわかりにくいところもありますが、不動産投資が賃貸経営である以上、財務三表の大まかなイメージを常に持ち、様々な意思決定の土台とするべきでしょう。

一方で、専業の大家でない限り、不動産賃貸経営は「本業とは別の資産運用」という位置づけですので、財務三表すべてにおいて100点満点である必要はないとも言えます。たとえば、CFを重視するのか、B／Sのバランスを優先にするのかだけを見ても、個々の投資スタイルや資産背景、リスク許容度などによって、どの観点を重視すべきかは変わってくるはずです。

物件を購入する際に融資を使うケースでは、長期のローンを組むとCF上では有利になる反面、ローンの元本がなかなか減らないために、B／S上では不利に働くことになります。

逆に、〝稼ぐ力〟が高くP／L上で有利な物件に対して、10年や15年といった短期のローンを組み、月々のCFがマイナスになるケースではどうでしょうか。純粋な会社経営ではキャッシュアウトになるので論外ですが、「投資」という側面を持つ不動産賃貸経営では、P／L上やB／S上の利点を踏まえながら、総合的に判断を下す必要があるのです。

物件の購入に限らず、バリューアップや繰上返済、売却などの様々な場面で、財務三表の全体像を念頭に置いておくことは、俯瞰的な視点で判断を下す助けになるはずです。

POINT

- 不動産投資は、投資というよりも「事業」としての側面が強い。
- 不動産投資には、ある程度の会計知識、とりわけ財務三表の理解が必要。
- 財務三表の全体像を意識すれば、投資において俯瞰的な意思決定が可能となる。

02 賃貸経営が資産形成につながる仕組み

「純資産」（利益）拡大のサイクルとは？

続いて、ここまでの会計的アプローチを使って、プロローグでお話しした不動産投資の大きな魅力の1つである「**時間軸を増やすこと**」「**コピーロボットを持つこと**」とはどういうことなのか、そして、どのように私たちの資産形成につながるのかを確認してみましょう。

物件を購入して「資産」部分に数字を乗せる（コピーロボットを持った状態）と、その物件から家賃収入を得られる（コピーロボットが働き、報酬を稼いでくれる状態）ことになります。そこから「運営費」や「金利」などを差し引いた残りが、P／Lの

「経常利益」になります。別の表現をすると、この「経常利益」は、この商売を始めたことで得られるようになった「純然たる儲け」です。

そして、この「純然たる儲け」は私たちの資産、つまりB／S上に組み込まれることになります。一部は現金で一部はローン元本の支払いという形で組み込まれるのですが、前者はB／S上の「純資産」に加算され、後者は「負債」を減らすことで、どちらも「純資産」を増加させるのです。

これが、商売の儲けを自らの資産に組み込む仕組みです。そして、この儲けを資産に組み込むサイクルは一回転または数回転にとどまりません。賃貸経営の対象とする不動産の構造にもよりますが、極論を言えば、**不動産の実質の耐用年数の回数だけ、このサイクルを繰り返すことができ、着々と資産を築いていくことができます**（図表10）。まさに、不動産投資は「**時間軸を増やすこと**」だと言えるのです。

さらに、リノベーションによって、物件の〝稼ぐ力〟を引き上げることは、商売の儲けである「経常利益」を大きく高めることにつながり、このサイクルをより強力なものとし、さらに多くの資金が「純資産」に組み込まれていく流れをつくることになります。

図表10 純資産(利益)拡大のサイクル

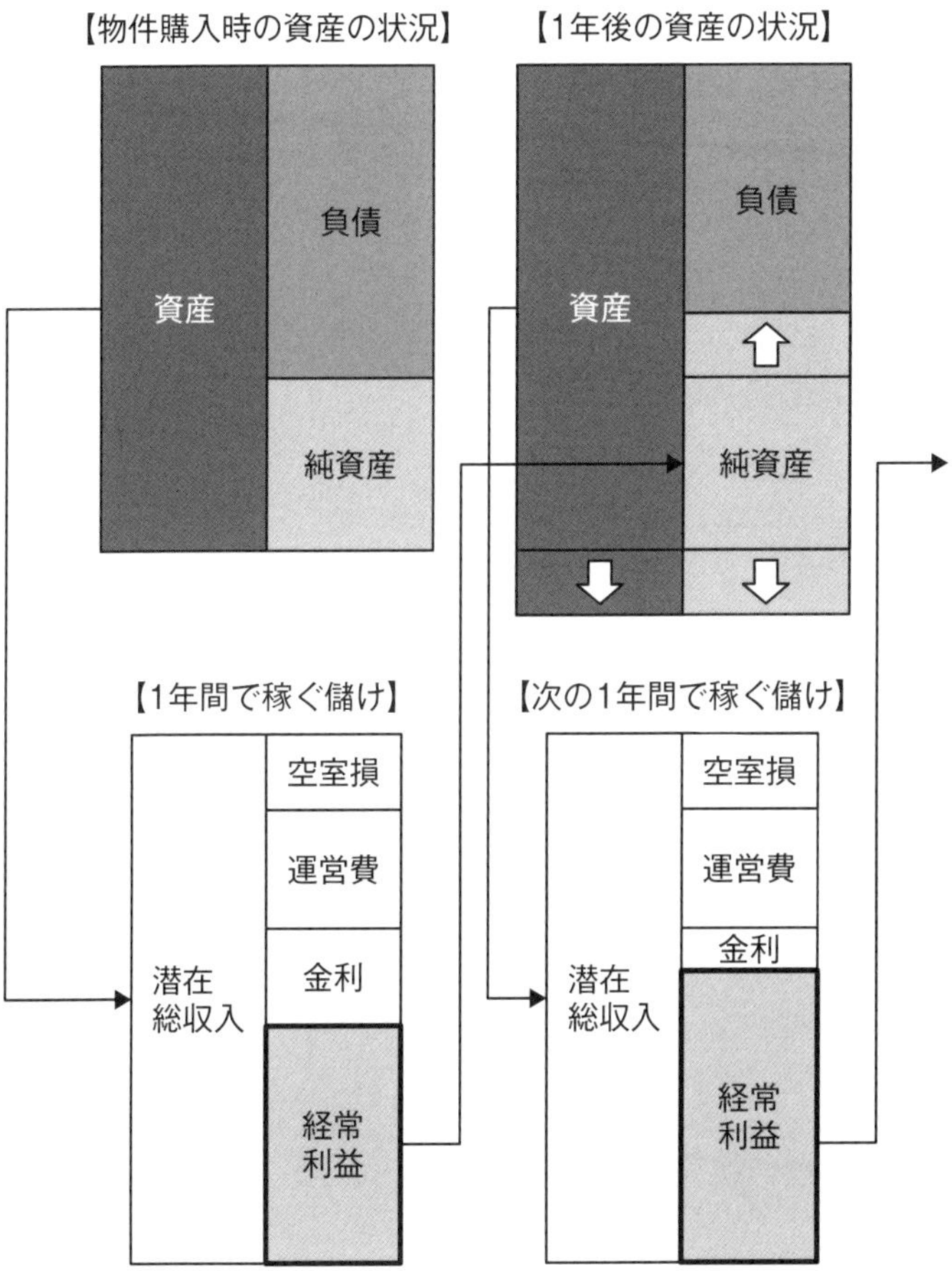

レバレッジ効果を活用する

もう少しこの会計的な概念を使って、不動産投資で重要となる考え方を確認しておきましょう。

「**レバレッジ効果**」という言葉をご存知でしょうか。直訳すると「てこの原理」になり、小さな力で大きなものを動かす「Lever（てこ）」から派生した言葉と言われています。

このレバレッジ効果は、不動産投資においては、**「融資」というてこを使いながら投資効率を上げ、資産規模を拡大させる**ロジックを指します。どういうものかを簡単に説明しましょう。

図表11は、物件価格2000万円の資産を「現金のみ」で購入した場合と、自己資金500万円に融資を組み合わせた、つまり「レバレッジ」をかけて購入した場合とを比較したものです。

年間の手取家賃はどちらも同じ80万円ですが、注目すべきは、その純然たる儲けで

図表11 レバレッジ効果とは？

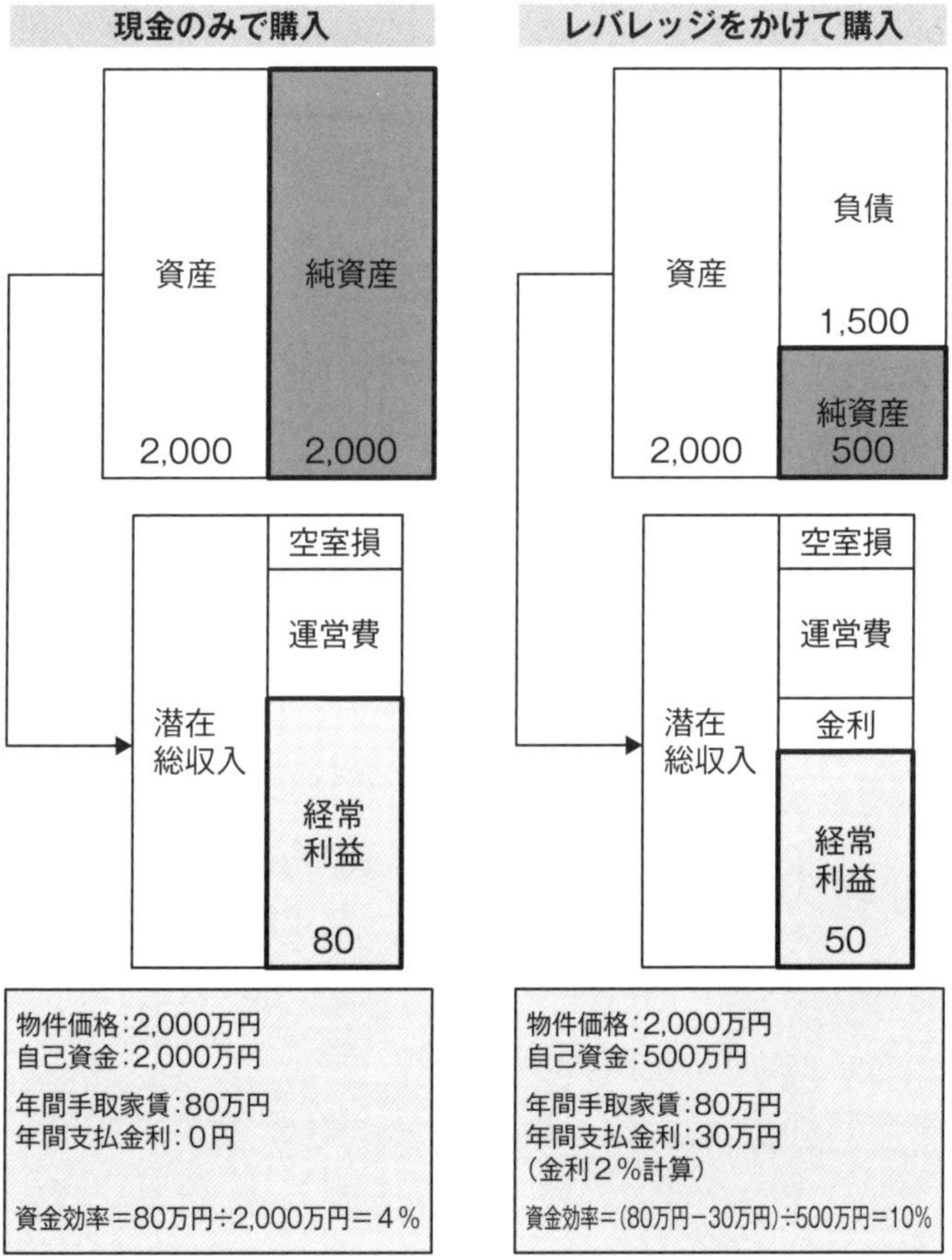

ある経常利益に対する「資金効率」です。

「現金のみ」の場合、投下した資金に対して経常利益80万円÷2000万円＝4％のリターンを得られますが、「レバレッジ」をかけた場合は、支払金利を差し引いた経常利益50万円÷500万円＝10％のリターンになります。

たとえて言うなら、どちらのケースも、コピーロボットを所有したことでその〝稼ぐ力〟を資産形成に組み込むことは同じなのですが、コピーロボットを手に入れるための資金をレンタルした場合は、そのレンタル費用（金利）というコスト分を加味しても、トータルの資金効率は高くなっているということです。

また、自己資金500万円に融資を組み合わせた場合は、全額自己資金の場合と比べて手元の資金を温存した分、さらに1500万円の投資機会を確保したとも言えます。仮にこの1500万円の資金を使って、追加でコピーロボットを3体所有したとすると、トータルでは単純計算で50万円×4＝200万円の経常利益を稼ぐことになり、これは全額自己資金で1体のコピーロボットを所有した場合の経常利益80万円に比べて、実に2・5倍もの利益を1年間で稼ぎ出すことになります（図表12）。

つまり、手持ちの純資産である現金2000万円を1つの物件に投資するよりも、融

図表12 レバレッジ効果と機会拡大

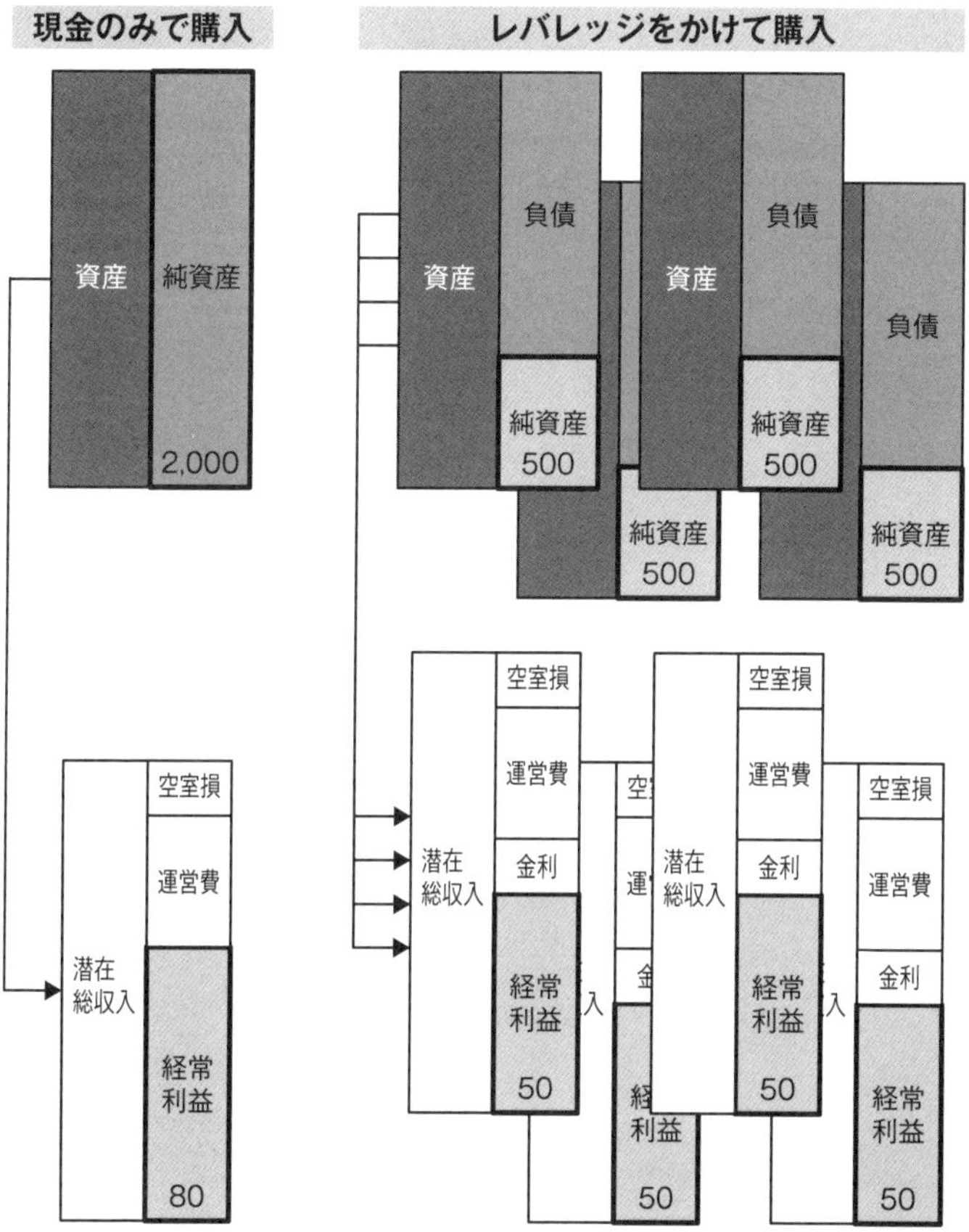

トータル　80万×1＝80万円　　トータル　50万×4＝200万円

資を受けながら500万円ずつ4つの物件に分散投資した方が、レバレッジ効果によってトータルの収益は格段に上がるというわけです。

レバレッジのメリット／デメリット

レバレッジ効果が持つ大きなメリットは他にもあります。それは、**物件が持つ〝稼ぐ力〟を先取りして享受できる**という点です。

レバレッジをかけて物件を購入すると、手持ちの資金が貯まるのをじっと待っているよりも、早い段階から「商売の稼ぎ」、つまり利益を自身の資産に組み入れることができます。このように、レバレッジとは「時間的な価値を先取りする」投資手法とも言えるのです。

また、レバレッジが持つ別のメリットとして、**リスクの分散効果**が挙げられます。先ほどの図表12のように、手持ちの資金2000万円を500万円ずつに分けて投資すれば、空室などのリスクを分散することが可能になります。また、資金の一部を投資信託や株に回して運用するといった、不動産だけにとどまらない幅広い投資も可能になるはずです。

逆に、レバレッジにはデメリットも存在します。

融資を受けることで、当然ながらローンの返済義務を負うことになります。賃貸経営が順調であれば問題ないものの、空室期間が長引けば家賃収入以外からローン返済原資を用意する必要が出てきます。融資金利が変動金利である場合には、状況によってはローン返済額が増加することもあります。また、突発的なトラブルなどで修繕費がかさめば、その費用を捻出する必要も出てきます。これらは賃貸経営では当然に想定すべきリスクですが、レバレッジを効かせて複数の物件を所有するなど、規模を大きくしている場合には、そのリスクへのインパクトも同じだけ大きくなります。

また、「1つの物件ごとに自己資金に対する借入比率を高める」という形でレバレッジを効かせていると、資産価値が下がったなどの理由で債務超過になった場合、売却してもローンが残る「売るに売れない」状況に陥る可能性もあります。

ただ、そういった注意すべき点がありつつも、資金を貯めずに利益を先取りできるレバレッジは、不動産投資が持つ最大のアドバンテージです。たとえば、株式やFXなど、不動産以外の投資目的で銀行から融資を受けることは、まず不可能と言っていいでしょう。

物件を選別する、エリアを分散するなどしてリスクを最小限に抑えつつ、融資というレバレッジを積極的に活用して規模を拡大することは、不動産投資を成功させるカギの1つと言えるのです。

レバレッジは純資産拡大サイクルに効果大

レバレッジによる分散投資が純資産を拡大させるサイクルは、具体的に図表13のようなイメージになります。

時間の軸と並行して、左から右へ走る純資産拡大のサイクルに注目してください。1つの物件による純資産拡大サイクルとは異なり、レバレッジをかけて複数の物件に分散投資すると、時間軸と並行に複数の純資産拡大サイクルが機能していくことになります。つまり、サイクルの数だけ「物件が稼ぐ力」を自らの資産に取り込むことがで

図表13 純資産（利益）拡大のサイクル × 複数戸

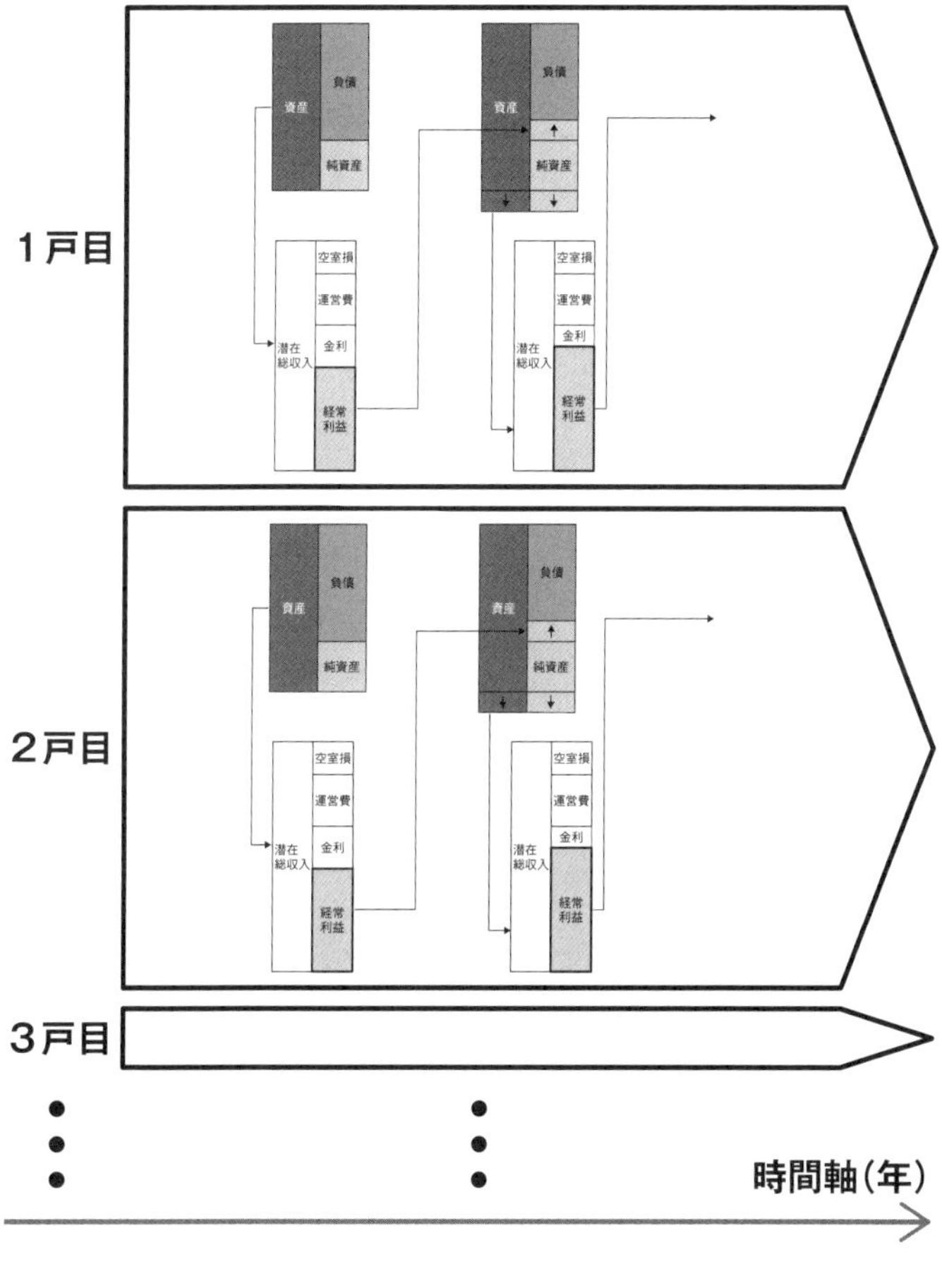

きるのです。簡単に言うと、コピーロボットは1体よりも2体、2体よりも3体、3体よりも……というイメージです。

このサイクルを、リスクを最小限に抑えつつ拡大させることで、将来的により多くの純資産を形成することが可能になるのです。

この不動産投資ならではのレバジッジ効果と、本書のメインテーマであるリノベーションとの関連性は後ほど解説します。

POINT

- 不動産投資の特徴は、「純然たる儲け」を純資産として積み上げていくこと。
- 純資産を積み上げるサイクルは、物件の実質的な耐用年数分繰り返せる。
- レバレッジの活用は、不動産投資を成功させるカギの1つである。

Chapter

2

東京ワンルームマンション経営の再確認

Chapter2 では、東京ワンルームマンションが持つ特徴やメリットなどを見ていきます。
本書で強くお伝えしたいテーマの1つは、「東京ワンルームマンションとリノベーションの相性の良さ」です。その理由を明らかにするためにも、東京ワンルームマンションの本質的なところをしっかりと確認しておきましょう。

01

実例で比較する東京ワンルームマンションの威力

物件の〝稼ぐ力〟とは？

チャプター1で、物件の〝稼ぐ力〟こそが不動産投資において、どのくらい利益を上げられるかに大きな影響を与え、さらには私たちの資産形成につながる源泉であることをお話ししました。

この〝稼ぐ力〟、つまり物件の収益性は、キャッシュフローツリーにおける以下の各要素から成り立っています。

図表14 営業利益

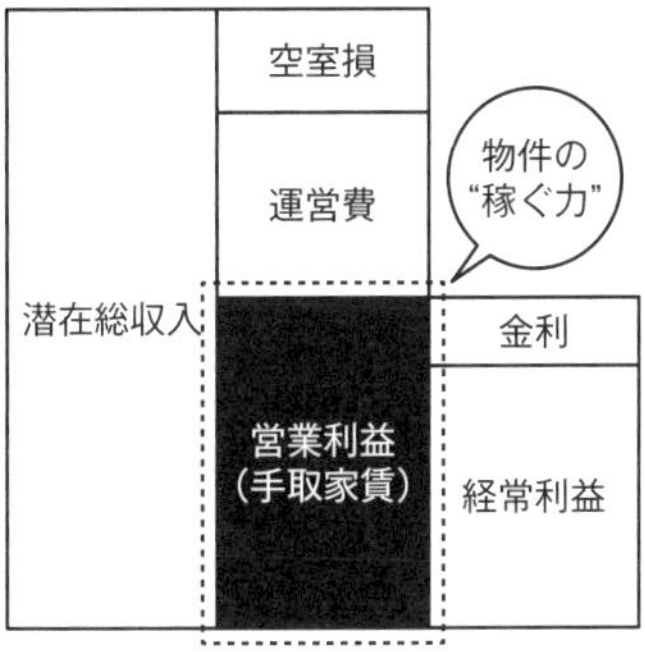

・潜在総収入
・空室損
・運営費

「潜在総収入」から「空室損」や「運営費」を差し引いたものが会計上の「営業利益」であり、物件の〝稼ぐ力〟です。実は、この3つの要素を考える上で、重要なポイントがあります。それは、「**物件のエリア**」です。

エリアの違いは手取家賃に表れる

ここで、東京と他地域における収益性の違いについて、実例を挙げて解説しましょう。図表15に挙げた2つの物件のデータは、それぞれ私が実際に所有している区分マンションのものです。上は、東京都中央区の築地にある22・85平米のワンルーム、下が、福岡市にある59・20平米の2LDKファミリー向け物件になります。

広さや間取りは異なるものの、築年数や1 2 0万円台の年間家賃はどちらもほぼ同じレベルです。年間で想定される空室損は、2物件とも年間家賃の約5％として差をつけていませんが、運営費に注目してください。

実は、運営費を構成する「管理費等」や「内装費」など、物件の維持管理に必要なものはいわゆる「人件費」や「工事費」によって決まります。そして、その単価は東京と地方でそれほど差がありません。**単価が同じということは、実質の費用負担の絶対額は物件の面積によって左右されるのです。**

それぞれの年間運営費は以下のようになっています。

図表15 東京と他地区における物件の収益性の比較

東京都中央区　Aマンション　22.85㎡

2003年４月築　月額家賃106,500円

潜在総収入（年間家賃）		1,278,000円
空室損（入替期間60日／３年）		**−70,027円**
運営費		**−274,700円**
	管理費等	**−136,800円**
	内装費	**−20,000円**
	固都税	**−54,000円**
	管理委託料（家賃の５％）	**−63,900円**
年間手取家賃		933,273円

（月額手取家賃　77,772円）

福岡県福岡市　Bマンション　59.20㎡

2003年３月築　月額家賃105,320円

潜在総収入（年間家賃）		1,263,840円
空室損（入替期間60日／３年）		**−69,251円**
運営費		**−439,792円**
	管理費等	**−238,800円**
	内装費	**−60,000円**
	固都税	**−77,800円**
	管理委託料（家賃の５％）	**−63,192円**
年間手取家賃		754,797円

（月額手取家賃　62,899円）

・東京（築地）　ワンルーム　22・85㎡　→　年間運営費　約27万4000円
・福岡市　2LDK　59・20㎡　→　年間運営費　約43万9000円

図表15の項目を細かく見ると、実際に私が年間に負担している実額としての「管理費等」では、2倍近くの差があります。さらに、「内装費」については想定値ですが、単純に東京と福岡の物件では面積が3倍近く異なり、その分の差がつくことになります。ただし、ファミリータイプである福岡の方が、キッチンや水回りなどの設備グレードは上であり、エアコンなどの数も異なるため、実際には3倍以上の開きとなるはずです。また、固都税（固定資産税＋都市計画税）もやはり、物件面積の広い福岡の方が割高になっています。

運営費の違いは、手取家賃の差になって表れます。入居者からもらえる家賃はどちらも似たような額であるのに対し、手取家賃は東京が約7万7000円、福岡は約6万2000円になりました。つまり、東京と福岡を比べると、月々で約1万5000円、年間だと約18万円の開きが出るのです。

同じ家賃を稼ぐために、東京は22・85㎡だけで済みますが、福岡は59・20㎡の広さが必要です。その結果として、福岡の物件の運営費が大きくかさむことになり、手取り家賃を圧迫することになっているのです。この比較はあくまで私が所有している物件の一例に過ぎませんが、それを差し引いても、**東京のワンルームマンションでは面積当たりの家賃の高さと、そこから紐づけられる正味の収益性の高さが見て取れます。**

東京ワンルームマンションの特徴が顕著に表れている事例として、参考にしてみてください。

POINT

- 物件の〝稼ぐ力〟において、その物件のエリアが重要なポイントとなる。
- 東京のワンルームマンションは、地方の物件より、面積当たりの家賃が高い。
- 面積当たりの家賃の高さは、正味の収益性の高さにつながる。

02

空室損

東京の家賃相場が高いのはなぜか？

引き続き、東京ワンルームマンションの特徴について、先ほどの事例で省略していた箇所も含め、キャッシュフローツリー（図表16）の項目に沿った形で、もう少し細かく確認していきましょう。

まずは空室損です。先ほどの事例では運営費にスポットを当てるため、どちらも年間家賃の約5％の空室損を想定しましたが、実際の賃貸経営において、東京と福岡の年間空室損を同じ比率で試算するのは適当でなさそうです。

図表16 空室損

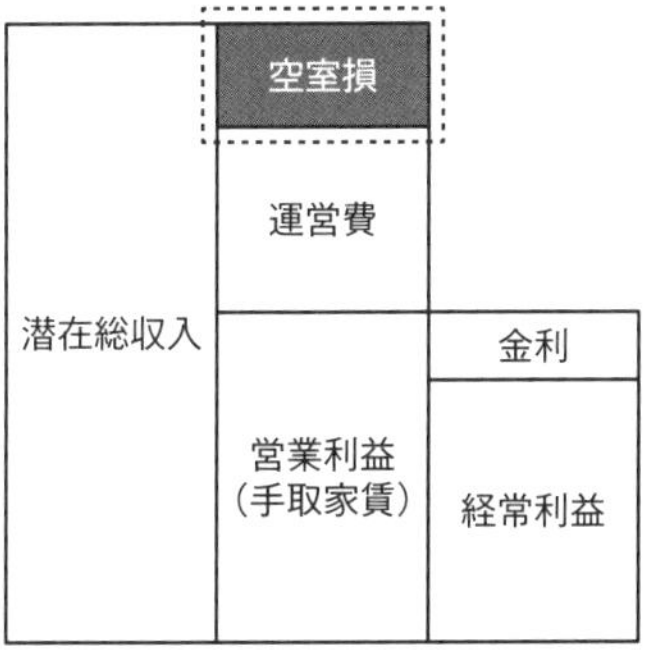

空室損を決定づける要因は何でしょうか？

一言で言ってしまうと、それは**「賃貸の需給ギャップ」**です。つまり、賃貸の需要（借り手の人数）の方が供給（貸し手の物件数）よりも多いと空室損を小さく、その逆になると空室損を大きく想定する必要があるということです。

一方で、需給ギャップを確認するためには、**「家賃相場」**というわかりやすい指標があります。家賃の相場は、「住みたい」という需要と「貸したい」という供給のバランスによって上下する性質のものだからです。

つまり、**需要が供給よりも強いところでは**

家賃相場は高くなり、その逆は低くなるという形で、需給ギャップを表現していると言えるのです。

・家賃相場　高い　＝　需要　＞　供給　→　空室損　小
・家賃相場　低い　＝　需要　＜　供給　→　空室損　大

では、ここで東京の需給ギャップを見ていきましょう。図表17は、不動産・住宅情報サイトの「ライフルホームズ」が集計した、２０１８年１月時点における関東エリアと九州／沖縄エリアの家賃相場を表したものです。

たとえば、ワンルームでは、東京都以外の他県が４～５万円台の家賃相場であるのに対し、東京都だけは約８万円という高い水準であることがわかります。同じく、九州／沖縄エリアの家賃相場と比較しても同じで、東京都の需給ギャップが他県に比べ、需要側に強く振れていることを明らかに示しています。

つまり、他県と比較した家賃相場の高さから、現時点では、東京の賃貸物件の空室損を最も少なく見積もれることが確認できるのです。

図表17 関東エリアと九州・沖縄エリアの家賃相場

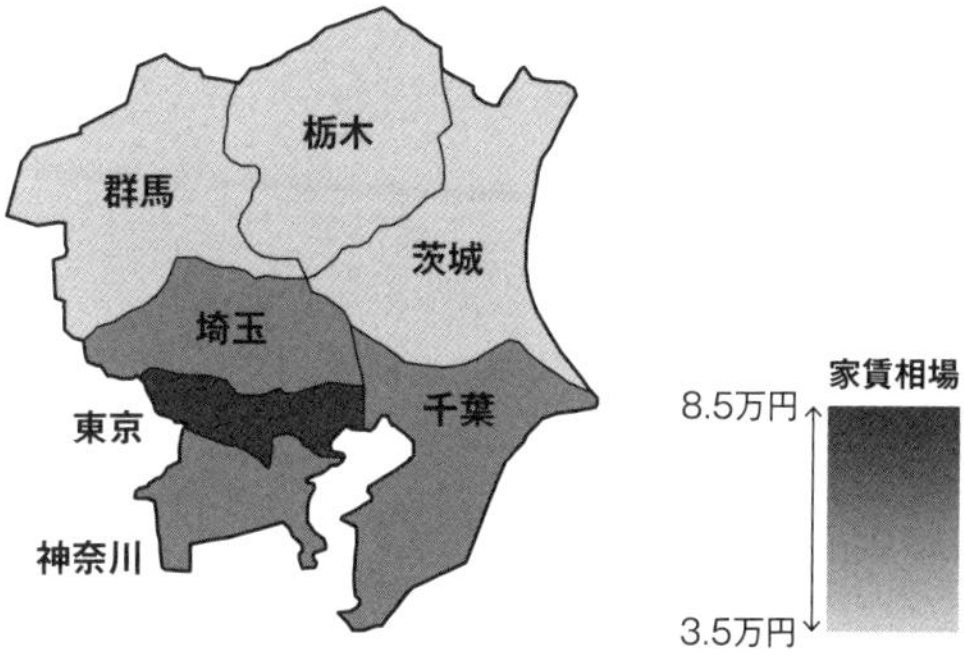

関東の家賃相場

家賃相場(万円)	1R/1K/1DK	1LDK/2K/2DK	2LDK/3K/3DK	3LDK/4K/4DK
茨城県	4.2万円	5.5万円	6.3万円	8.4万円
栃木県	4.6万円	5.5万円	6.3万円	8.7万円
群馬県	4.3万円	5.2万円	6.2万円	9.2万円
埼玉県	5.4万円	6.9万円	7.9万円	10.2万円
千葉県	5.6万円	7.1万円	8.2万円	9.8万円
東京都	**7.8万円**	**12.4万円**	**16.0万円**	**17.6万円**
神奈川県	6.0万円	8.6万円	10.0万円	12.4万円

九州・沖縄の家賃相場

家賃相場(万円)	1R/1K/1DK	1LDK/2K/2DK	2LDK/3K/3DK	3LDK/4K/4DK
福岡県	4.3万円	6.4万円	7.1万円	9.1万円
佐賀県	4.3万円	5.5万円	5.7万円	7.2万円
長崎県	4.9万円	6.7万円	7.7万円	11.0万円
熊本県	4.4万円	5.8万円	7.9万円	9.7万円
大分県	4.0万円	5.4万円	6.1万円	7.0万円
宮崎県	3.7万円	4.9万円	5.8万円	7.3万円
鹿児島県	4.2万円	5.9万円	6.9万円	8.5万円
沖縄県	4.9万円	6.7万円	8.5万円	11.1万円

※数字は2018年1月時点

出所:ライフルホームズ

東京23区には空き地がない

それでは、将来的にはどうでしょうか。家賃相場は現時点での需給ギャップを表してくれますが、私たちが知りたいのはむしろ〝これから〟の話です。東京の賃貸市場の今後について、供給面と需要面からそれぞれ確認しておきましょう。

図表18のマップを見てください。これは国土交通省が平成25年に集計したもので、東京都および近郊のエリアにおいて、宅地に占める空き地の面積をパーセンテージで色分けしたものです。

このマップによると、東京23区エリアにおいては、空き地がほとんどないことがわかります。空き地がないということは、単純に考えれば、「新たな建物が供給されにくい」ことを意味します。新たな建物を建てるためには、すでにある建物を取り壊すことが前提で、賃貸物件であれば権利の強い賃借人に立ち退いてもらう必要があります。また、取り壊しの費用を建築費用に加算する必要もあるわけです。

このようなことから、将来的に新たな建物が建てられることはあるにしても、23区

図表18 市区町村別　世帯所有宅地等に占める空地面積の割合

市区町村別の世帯の所有する宅地に占める空き地件数率(単位:%)(世帯)(平成25年)

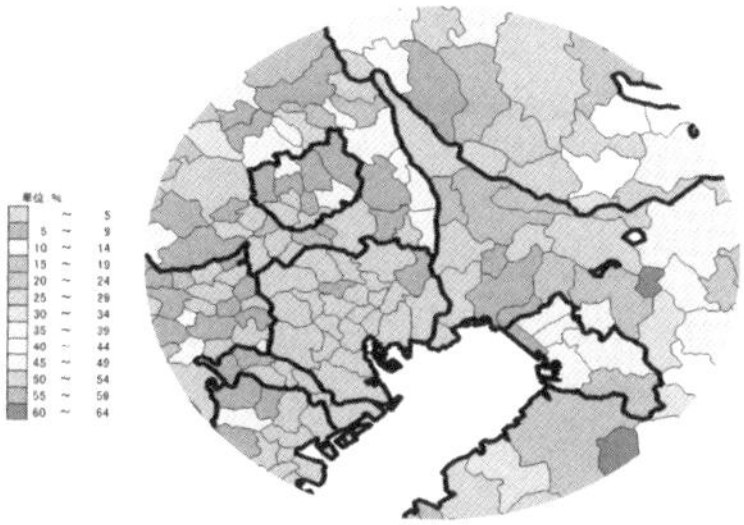

(注1)本調査における「空き地」には原野、荒れ地、池沼などを含む
出所:国土交通省「空き地等の新たな活用に関する検討会参考資料」(平成29年3月)

全体の供給レベルが格段に上がるような可能性は低いでしょう。ちなみに、23区から離れていくにつれ、空き地の比率が徐々に増えていきますが、これは同時に、先ほどの家賃相場と密接にリンクしています。現段階で相対的に家賃相場が低いエリアは、同じく空き地率の高いエリアでもあり、将来的な需給ギャップの変化に注意が必要なエリアと言えそうです。

東京は世界一の大都市

続いて、需要面について確認しておきましょう。

図表19は、国連統計局が2014年に発

表した「世界の都市別人口ランキング」です。

これは、世界の都市的集積地域を取りまとめたもので、単一の行政区による人口ではなく、周辺の連続した市街地をまとめて「1つの都市」として集計し、リアルな都市人口を表した世界ランキングです。

そして、このランキングにおいて、過去も現在も、そして将来においても、堂々の第1位が東京です。

たとえば、中国やメキシコ、ブラジルなど、新興国における人口は近年急激に増加していますが、単独の都市としては東京のような3000万人を大きく超える人口には届いていません。東京は、神奈川や千葉、埼玉など一都三県にわたって市街地が連続しており、世界で最も巨大な都市圏を形成しています。

上下水道や電気、ガス、公共交通網などのインフラが広範囲に整備され、文化施設や医療、商業エリア、アミューズメント施設などが高いレベルで揃っている東京は、世界でも屈指の魅力的な大都市であり、今後も一定規模の賃貸需要が保たれることは明白でしょう。

図表19 都市別人口ランキング(2010年現在)

単位:千人

順位	都市的集積地域	1980年	1990年	2000年	2010年	2020年	2030年
1位	東京(日本)	28,549	32,530	34,450	36,834	38,323	37,190
2位	デリー(インド)	5,558	9,726	15,732	21,935	29,348	36,060
3位	メキシコシティ(メキシコ)	13,028	15,642	18,457	20,132	21,868	23,865
4位	上海(中国)	5,966	7,823	13,959	19,980	27,137	30,751
5位	サンパウロ(ブラジル)	12,089	14,776	17,014	19,660	22,119	23,444
6位	大阪(日本)	17,028	18,389	18,660	19,492	20,523	19,976
7位	ムンバイ(インド)	8,658	12,436	16,367	19,422	22,838	27,797
8位	ニューヨーク(アメリカ)	15,601	16,086	17,813	18,365	18,793	19,885
9位	カイロ(エジプト)	7,349	9,892	13,626	16,899	20,568	24,502
10位	北京(中国)	5,366	6,788	10,162	16,190	24,201	27,706
11位	ダッカ(バングラデシュ)	3,266	6,621	10,285	14,731	20,989	27,374
12位	カルカタ(インド)	9,030	10,890	13,058	14,283	15,726	19,092
13位	ブエノスアイレス(アルゼンチン)	9,422	10,513	12,407	14,246	15,894	16,956
14位	カラチ(パキスタン)	5,048	7,147	10,032	14,081	19,230	24,838
15位	イスタンブール(トルコ)	4,397	6,552	8,744	12,703	15,099	16,694

出所:国連統計局:世界都市化予測

以上、東京の需給ギャップについて、供給と需要の両面から簡単に確認しました。将来的にも急激に大きな変化が生じる可能性は低く、空室損を小さく想定できる東京ワンルームの特徴は長期的なものと考えられそうです。

POINT

- 賃貸需給ギャップを根拠として、東京の空室率は低く見積もることができる。
- 東京では、将来にわたって新築物件の供給がされにくい状況にある。
- 東京とその周辺の人口集積は世界屈指であり、今後も一定の賃貸需要を見込める。

03 ■ 運営費

運営費は物件の平米数で大きく変わる

空室損に続き、潜在総収入から差し引く運営費についてみていきましょう。運営費を構成する主な費用は以下のとおりです。

- ・マンション管理組合に支払う管理費や修繕積立金
- ・内装費
- ・固定資産税／都市計画税
- ・管理会社に支払う管理委託料

図表20 運営費

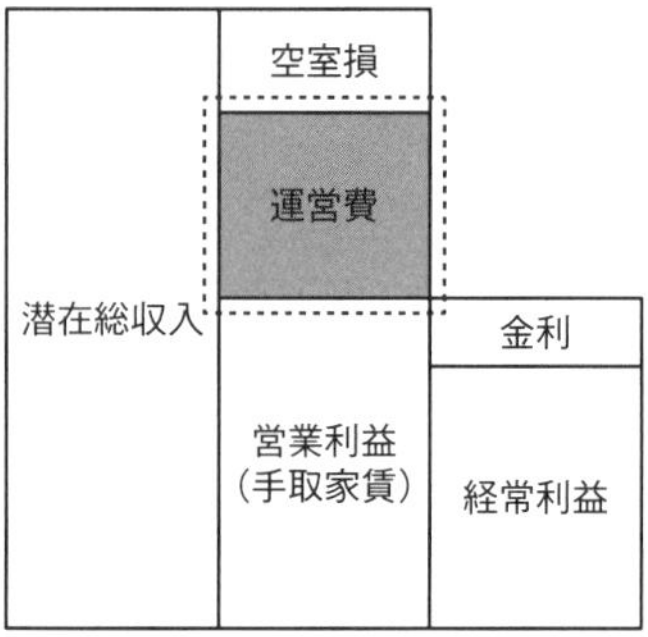

先ほどの事例でも触れましたが、これらは、物件の面積によって影響を受けるものが大半です。

ただし、「管理会社に支払う管理委託料」は、賃貸管理を任せる会社の料金体系によるもので、唯一の例外と言えるでしょう。ちなみに、先ほどの東京と福岡の比較事例では、どちらの物件も管理委託料は家賃の5%としていましたが、実際には東京の物件は2200円（税別）、福岡は家賃×5%＋送金手数料≒565円（税別）です。つまり、私の物件では、この管理委託料については、実際の料金比較において東京に軍配が上がっています。

一方で、「マンション管理組合に支払う管理費や修繕積立金」、また「室内の内装費」は、物件の面積によって非常にわかりやすい影響を受けます。

空室損やその裏づけとなる家賃相場については、東京や他の地域など「エリアの違い」によって大きく左右されますが、管理費や内装費を決定づける人件費や工事費などはその逆で、全国どのエリアにおいても、平米あたりの単価はそれほど大きな違いがありません。そして、単価が変わらない限り、「**物件の面積が広いほど費用がかさむ**」のです。

固都税は東京以外で負担増になる

では、固都税（固定資産税及び都市計画税）はどうでしょうか。固都税は、その年1月1日時点における固定資産の所有者に対し、固定資産税評価額に応じた税額を計算して課税されるものです。

固都税のうち、土地の評価額はエリアによって変わりますが、建物の評価額はエリアに左右されません。また、土地の持ち分に対しては「小規模住宅用地」として3分の1や6分の1といった軽減税率があり、建物部分は物件の平米数に応じて課税されます。

つまり、区分マンションの固都税においては、土地に対する税額はわずかで、その大部分が建物に対して課税されることになります。

結果として、家賃を稼ぐために必要となる面積が大きくなるほど割高になり、収益性を圧迫する要因となります。

運営費は経年により増加する

すでにお気づきの方もいるかもしれませんが、実はこれら運営費の項目で、単純にコストカットできるものはあまりないのです。

固定資産税／都市計画税はそもそも手の入れようがありません。

また、管理費や修繕積立金は管理組合の合意で決まるものであり、いち区分所有者の自由になるものではありません。それどころか、建物の維持管理費という意味合いから想像できるとおり、カットするどころか、建物の経年劣化によって値上げされるケースが多くなります。

さらには、室内の内装についても、経年によって水回りや設備の更新など、オーナー負担のコストが徐々に増していきます。

小さい面積で多くの家賃を稼ぐ東京ワンルームマンションは、家賃と運営費との割合からその収益性の高さを確認できますが、リアルな不動産投資の場面では「時間」という概念が付加されますので、その優位性はさらに特筆すべきものとなります。

たとえば、先ほどの私が所有する物件の事例のように、エリアと専有面積の異なる2つの物件があったとします。比較しやすいよう、取れる家賃が同じで、専有面積と管理費がそれぞれ2倍ずつ異なるシンプルなケースで考えてみます。

・東京ワンルーム　家賃10万円、専有面積25㎡、管理費1万円　→　手取家賃9万円
・地方物件　　　　家賃10万円、専有面積50㎡、管理費2万円　→　手取家賃8万円

将来的に、どちらも管理費が値上がりしたとしたら、手取家賃はどうなるでしょうか？　その差はより広がって、特に、地方物件は経営が相当厳しくなるはずです。な

ぜなら、専有面積が2倍違うということは、管理費が値上がりする度合いも2倍違うことを意味するからです。

たとえば、このケースで、東京ワンルームで1万円管理費が値上がりするなら、地方物件は2万円値上がりすることになります。値上がり後に、東京ワンルームの手取家賃が9万円から8万円になるのに対し、地方物件は8万円から6万円にまで下がります。さらにはこの6万円の中から、内装費や固都税といった運営費も捻出する必要があり、手残りはさらに少なくなるのです。

〈管理費値上がり後〉

・東京ワンルーム　家賃10万円、専有面積25㎡、管理費2万円　→　手取家賃8万円

・地方物件　家賃10万円、専有面積50㎡、管理費4万円　→　手取家賃6万円

少し極端な例ですが、管理費は基本的には専有面積によりますので、取れる家賃に関係なく、理論上は専有面積に応じて管理費負担が発生することになります。

長期的に考える不動産投資では、家賃に占める運営費の比率は、低ければ低いほど

有利になるのです。

POINT

- 物件の運営費は、一般にその物件の面積（平米数）が広いほど、かさむ。
- 物件の運営費は、経年によって増加する傾向にある。
- 不動産投資において、家賃に占める運営費の比率は低いほど有利となる。

04 ■ 潜在総収入のアップ

手取家賃におけるギャップとは?

先ほどの東京と福岡の比較事例では、空室損を同レベルに設定していたにもかかわらず、同じ家賃を稼ぐために必要な物件の平米数が大きく異なるため、福岡の運営費が割高になり、手取家賃に明らかな差が出ていました。

もう一度、この比較事例をキャッシュフローツリーの観点から確認してみましょう。東京に比べて福岡では、潜在総収入に対する営業利益の割合が低くなります。これをブロック図で表すと、図表21のようになります。

図表21 潜在総収入に対する営業利益の割合の比較

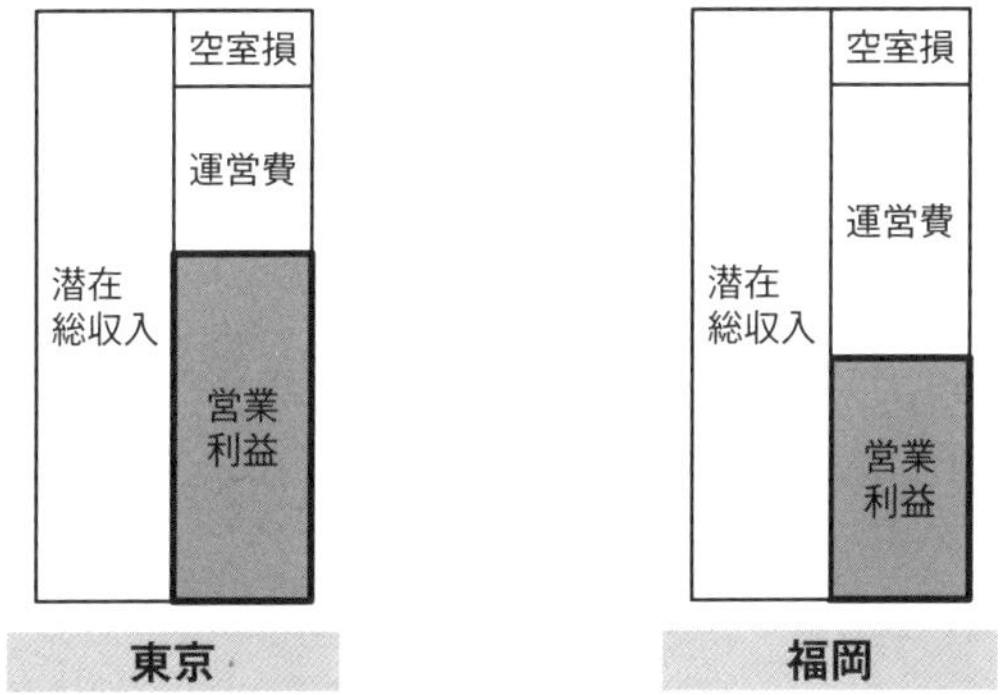

取れる家賃に対して運営費の割合が低いと、「入居者が払ってくれる家賃と、自らの純資産に組み込める稼ぎとの間にギャップが少ない」ということになります。

ブロック図で見ると、それぞれの収益性の違いが可視化され、ギャップがよりわかりやすくなったはずです。

たとえば、東京の表面利回りを5％、福岡の表面利回りを8％と仮定した場合、表面上は福岡の方が一見有利に見えます。しかし、実際にP／Lの観点から物件の〝稼ぐ力〟を比較すると、福岡は運営費の部分でギャップが大きくなり、逆にギャップの少ない東京の方が良い成績になるのです。

潜在総収入を上げやすい東京ワンルーム

繰り返しになりますが、東京のワンルームは、賃貸需給ギャップが需要側に大きくふれていることから、面積1平米あたりの家賃が高くなります。そして、それに伴い相対的な運営費が安くなり、空室損を別にしたとしても、結果として収益率、つまり**物件の〝稼ぐ力〟が最も高い物件タイプ**と言えるのです。さらに、「長期的には運営費は上昇していく」ということを踏まえると、その特性がより一層強調されます。

また、運営費の上昇をカバーするために潜在総収入をアップさせようとしても、東京以外の地域では家賃相場が低いため、家賃を大幅に上げることは難しいものです。逆に家賃相場が高く、物件によって家賃の幅が大きい東京は、家賃アップをしやすいエリアと言えます。

ただし、東京といえども、現状のままで相場より大幅な家賃アップを見込むことは難しいものです。そこで、リノベーションが1つの有効な選択肢となってくるのです。

詳しくはチャプター5で事例を交えて解説しますが、リノベーションは、東京ワンルームの強みである高い収益性をより一層高めてくれます。

リノベーションを実施するわかりやすい効果は、入居者から貰える家賃、つまり潜在総収入を今以上にアップすることです。さらに、一時的な出費は伴うものの、室内のリノベーションにおいては、運営費に直接影響を与えることはありません。なぜなら、**運営費はその専有面積に左右されますが、リノベーションを施しても専有面積は変化しないからです。**

つまり、**潜在総収入を高めつつ運営費を増加させないため、リノベーションによって純粋に、物件の〝稼ぐ力〟を高めることが可能になるのです。**

また、耐用年数の長い資材を使ってリノベーションを施すことで、将来的な「内装費」を削減し、先々の運営費アップを抑えることもできます。

「時間軸を増やすことで、長期的に資産を形成していく」ことが、大きな魅力となる不動産投資では、東京ワンルームの「**運営費比率の低さ**」は大きな武器となります。

そして、その運営費比率の低さは、元をたどれば、東京ならではの「賃貸需給ギャップ」から生じていますが、リノベーションは、さらにその特性を強化するのです。

そういった意味合いで、「東京ワンルームとリノベーションとの相性は非常に良い」と言えるのです。

POINT

・東京ワンルームは、表面利回りと実質利回りの差が小さい。
・家賃相場が高く、物件によって家賃の幅が大きい東京は、家賃アップをしやすい。
・リノベーションは、潜在総収入を高めるが、運営費を増加させない。

05 まとめ

いかがでしたでしょうか。本章では、リノベーションとの相性の良さを確認するために、東京ワンルームマンションの特徴について細かく見てきました。

その過程で、「東京」という特異な賃貸需給ギャップを背景とした「**家賃相場の高さ**」が確認されました。そして、その結果として、収益性の高さはもちろんですが、空室率の低さや運営費比率の低さを根拠とした、長期で考える不動産投資にとって大きなアドバンテージとなる「**安定性**」や「**安心感**」も浮き彫りになりました。

繰り返しとはなりますが、不動産投資の大きな魅力の1つは、時間軸を増やすことであり、コピーロボットを持つというイメージにあります。その中で、「安定性」「安心感」という東京ワンルームマンションのキーワードは、この魅力をしっかりと良質な資産形成につなげてくれるものとなります。

そして、リノベーションは、収益性を高めると同時に、その「安定性」「安心感」をも強化してくれるものとなります。

続いてのチャプター3からは、本書のメインテーマである「リノベーション」の話に入っていきます。

Chapter

3

リノベーションの基本的な考え方

リノベーションについては、これまでの章でも簡単に触れてきました。Chapter3 では、あらためて「リノベーションとは一体どんなものなのか」、また「なぜリノベーションをする必要があるのか」といった基本的な考え方を解説していきたいと思います。

01 ■リノベーションとは

リフォームとリノベーション

みなさんの中には、リノベーションの概念をしっかりと理解されている方もいれば、そうでない方もいると思います。言葉としては聞いたことがあるものの、具体的なイメージが湧かない、またはリフォームと何がどう違うのか、今ひとつはっきりしない、という方もいるかもしれません。

一般的に、リノベーションは、以下のように定義されています。

建物に新たな付加価値を与えることを目的に、大規模な設備更新や間取りの変更な

どを伴う工事を行うこと

一方で、リフォームとは、以下のようなものとされています。

建物を新築時の状態に近づける、または、賃貸付けに支障が出ない状態に戻すことを目的に、補修または修繕工事を行うこと

わかりやすくまとめると、リノベーションは「**新たな付加価値を持った居住空間を創り出すこと**」であり、リフォームは「居住空間を元に近い状態に戻すこと」になります。

建物と設備類の耐用年数には差がある

建物は、構造によって法定耐用年数が異なることは、多くの方がご存知だと思います。

たとえば、木造アパートであれば22年、区分マンションの構造である鉄筋コンクリー

ト造（ＲＣ）では47年、といった具合です。ただし、法定耐用年数はあくまで会計処理上の耐用年数であり、維持管理がきちんとされていれば、実際は、この年数以上に使用できるケースがほとんどです。

それに対し、建物に付帯している設備の耐用年数は、建物よりずっと短くなります。国土交通省が賃貸オーナー向けに出している『原状回復をめぐるトラブルとガイドライン』によると、概ね５〜15年くらいで価値がゼロになるものが多くあります。故障や破損が起きなければ、耐用年数より長く使える設備もありますが、メーカーの部品供給が終了したために、メンテナンスができないというケースもあり得ます。つまり、耐用年数は設備の方が短いため、設備は建物の一生を通じて何度か更新する必要があると言えるのです。

リノベーションによるバリューアップとは

物件の内装や設備は新築から年月が経つにつれ、劣化や損耗など、その価値は徐々に下がっていきます。その間にも、最新の設備やデザインを採用した新築物件が供給され、入居者が物件に求めるハードルも上がり続けます。

オーナーが何も手を打たずにいると、いずれ物件自体の競争力が低下して空室が埋まりにくくなったり、家賃を下げざるを得ないなど、物件の〝稼ぐ力〟が低下していきます。

この場合、物件の競争力をこれ以上落とさないよう、退去後のリフォームなどで定期的に原状回復を図ったり、あるいはリノベーションによって競争力を大幅に上げたりすることが求められます。

このように、設備や内装の性能を回復したり、向上させることで、物件そのものの価値や寿命を延ばすことを、物件の「**ライフサイクルマネジメント**」と呼びます。

図表22を見てください。

新築から年数が経つにつれ、物件が持つ機能や競争力は衰えて、市場価値は放物線状に下がっていきますが、定期的にリフォームすることで、ある程度の機能回復が可能になります。しかし、リフォームはあくまで「元に近い状態に戻す」工事であるため、新築当時の機能まで回復したとしても、築年数による物件そのものの市場価値の

図表22 物件のライフサイクルマネジメント

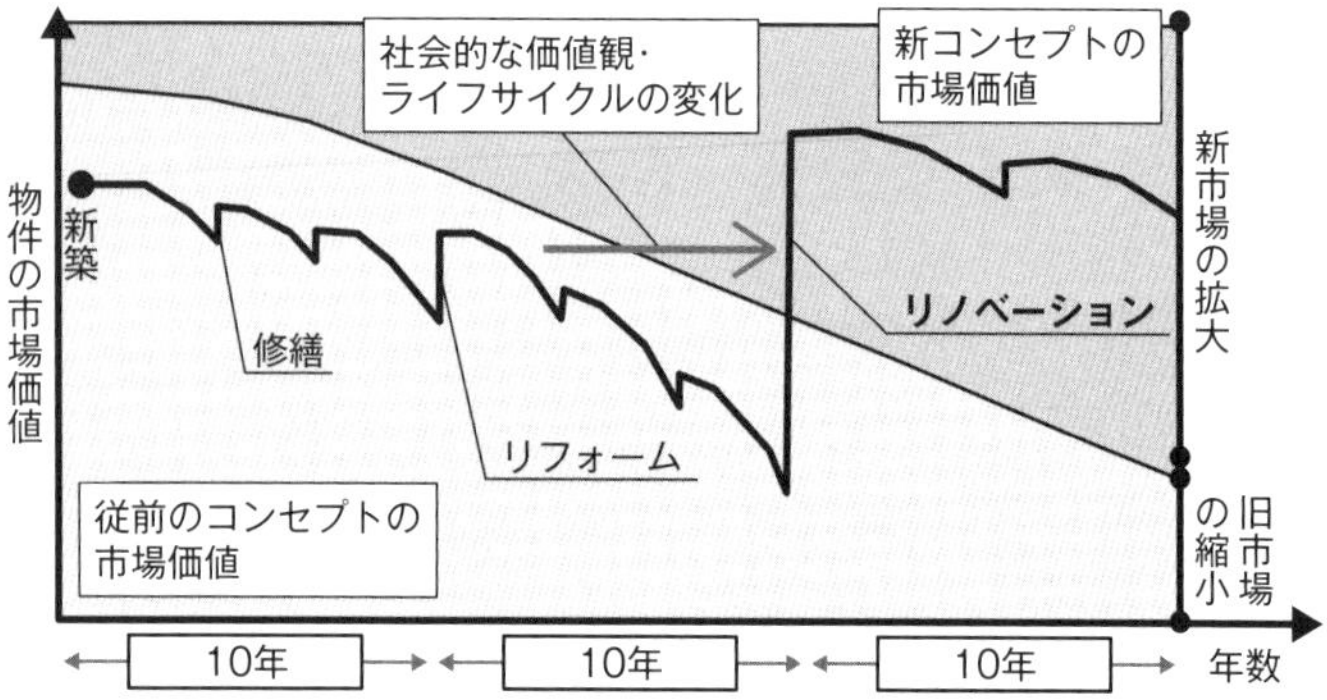

陳腐化は避けられません。

そこで、一定のタイミングにおいて大がかりなリノベーションを施すことで、**最新の物件と対等以上に渡り合える物件に鍛え上げる（バリューアップする）**必要があるのです。

また、リノベーションで入居者へ提供する居住空間のクオリティを大幅に引き上げることで、以前より高い家賃を得ることも可能になります。

POINT

- リノベーションとは、新たな付加価値を持った居住空間を創り出すこと。
- 物件の市場価値は時間とともに低下し、〝稼ぐ力〟が低下してくる。
- 物件にリノベーションを施すことで、バリューアップを図ることができる。

02 売り手市場でも競争力を高めておく

東京のアパートは空室率30％超？

もちろん、突き詰めてしまえば、物件によるのですが、基本的に東京の賃貸経営は、賃貸需給ギャップが需要側に強く振れているため、安定かつ堅実に収益を得やすいと言えます。しかし、昨今の新聞報道やネットニュースなどでは、「東京のアパート空室率が30％超」といった見出しを見かけることがあります。どういった理屈なのでしょうか？

ここに、空室率に関する興味深いデータがあります（図表23）。

図表23 1都3県マンション系(木造、軽量鉄骨)空室率TVI

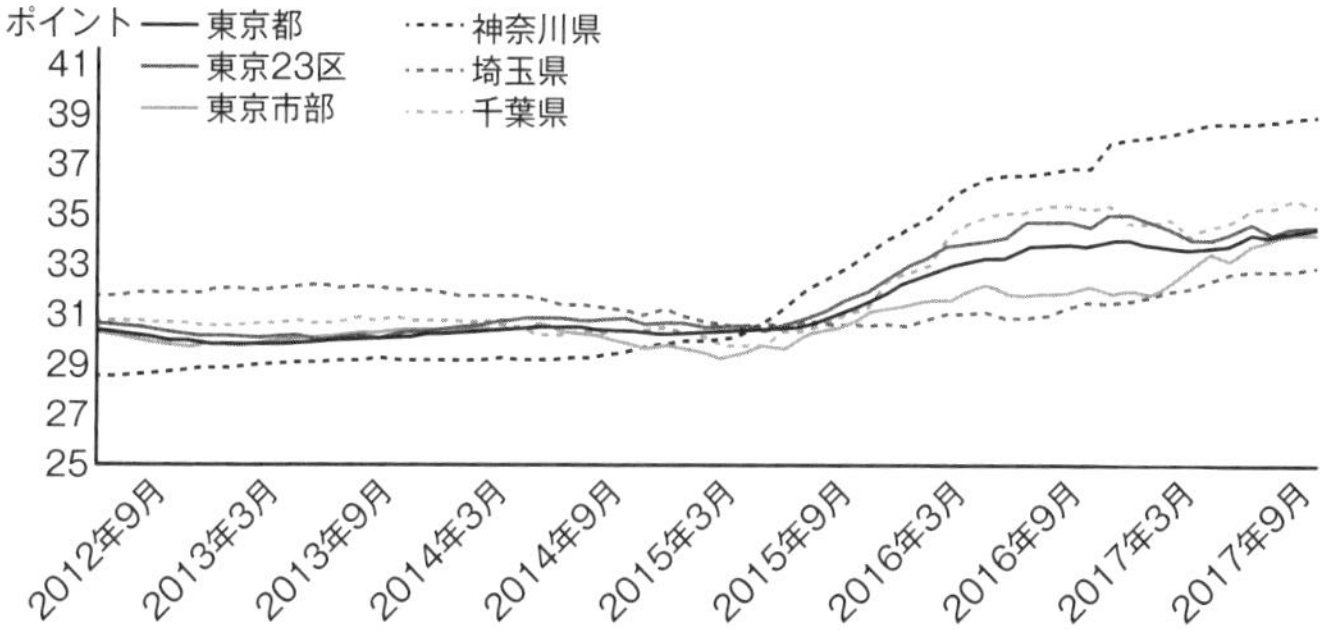

分析:株式会社タス

不動産調査会社のタスが公表している「タス空室率インデックス（ＴＶＩ）」という統計資料です。これによると、東京の木造／軽量鉄骨アパートの空室率は、ここ数年で30％以上に上昇したとされています。

この「タス空室率インデックス」こそが、先ほどの報道が参考にしている空室率のデータなのですが、これが真実だとしたら、「アパート系の賃貸経営は先行きが非常に厳しい」ということになりそうです。

また、アパートに比べて、防音やセキュリティ、耐震性などに優れた鉄筋コンクリート造のマンションは優位性が高いとはいえ、アパートがここまでの空室率ということになると、少し心配になってきます。

空室率30％超のトリック

実は、この「タス空室率インデックス」は一般的に考えられている空室率とは算出方法が異なるのです（図表24）。

たとえば、10戸入り木造アパートが5棟あったとして、そのうち1棟だけに5戸の空室があったとします。通常、この場合の空室率の算出イメージは、一般的に以下のとおりです。

空室5戸÷全50戸＝空室率10％

これに対し、「タス空室率インデックス」では満室の4棟を対象から除外し、空室が発生している1棟のみを分母として、次のように計算するのです。

空室5戸÷全10戸＝空室率50％

図表24 一般的な空室率とタス空室率の違い

[一般的な空室率]

空室5戸÷エリア全50戸＝空室率10%

[タス空室率]

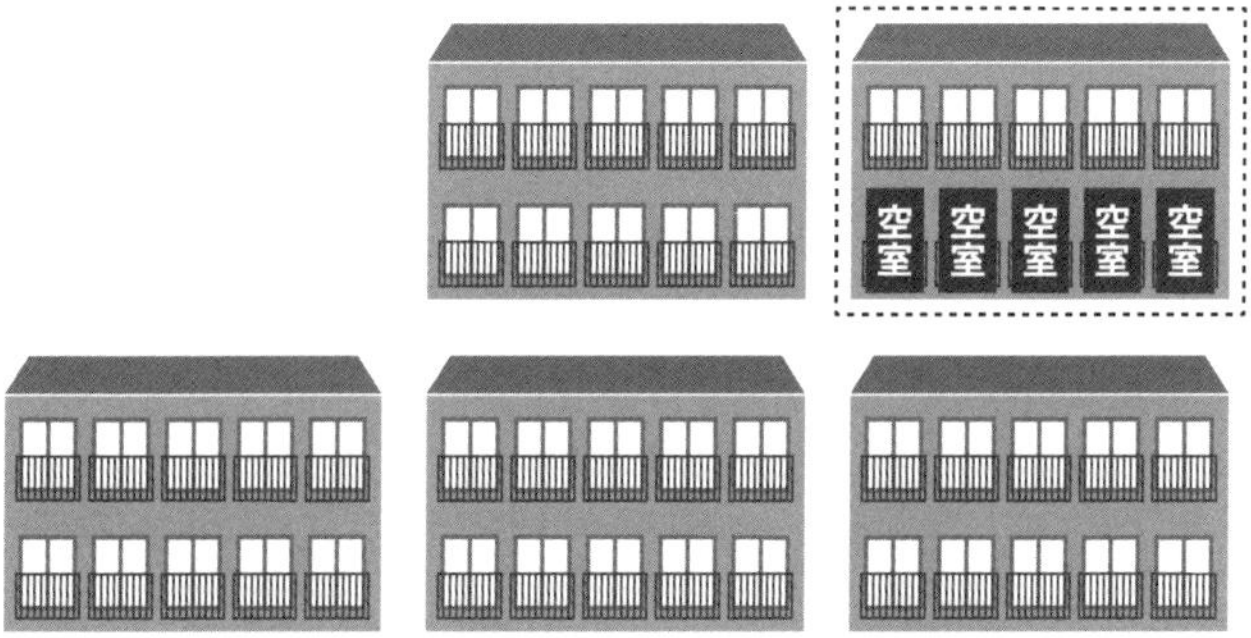

空室5戸÷物件内全10戸＝空室率50%

つまり、この計算方法だと「対象エリア全体のアパートの空室率」を算出するわけではなく、「対象エリアで賃貸募集中のアパートの空室率」を算出することになるのです。その結果、満室経営が行われている優良なアパートは集計対象から外され、常時数部屋の空室があるようなアパートの割合が高くなります。また、エリア内で新築物件が供給され募集開始をすると、当初は空室率１００％の物件としてカウントされるため、一時的にこの数値が高く算出されることにもなるのです。

先ほどの図表23のグラフが示す空室率30％オーバーについても、同様の算出方法によって発表されているものであり、満室の物件も含めた〝実際の〟空室率は、この数字よりもずっと低くなると考えられています。

また、東京ワンルームマンションの構造である鉄筋コンクリート造（ＲＣ）については、「タス空室率インデックス」においても10％前後で推移している（図表25）ことから、実際の空室率はさらに低くなると推測できます。

この差は、あくまで算出する際の〝考え方の違い〟であって、タスの計算が誤りというわけではありません。しかし、新聞などのマスメディアでは、このデータをもとに「東京のアパート空室率が30％超」などとセンセーショナルに報道するため、誤解

図表25 1都3県マンション系(S造、RC造、SRC造)空室率TVI

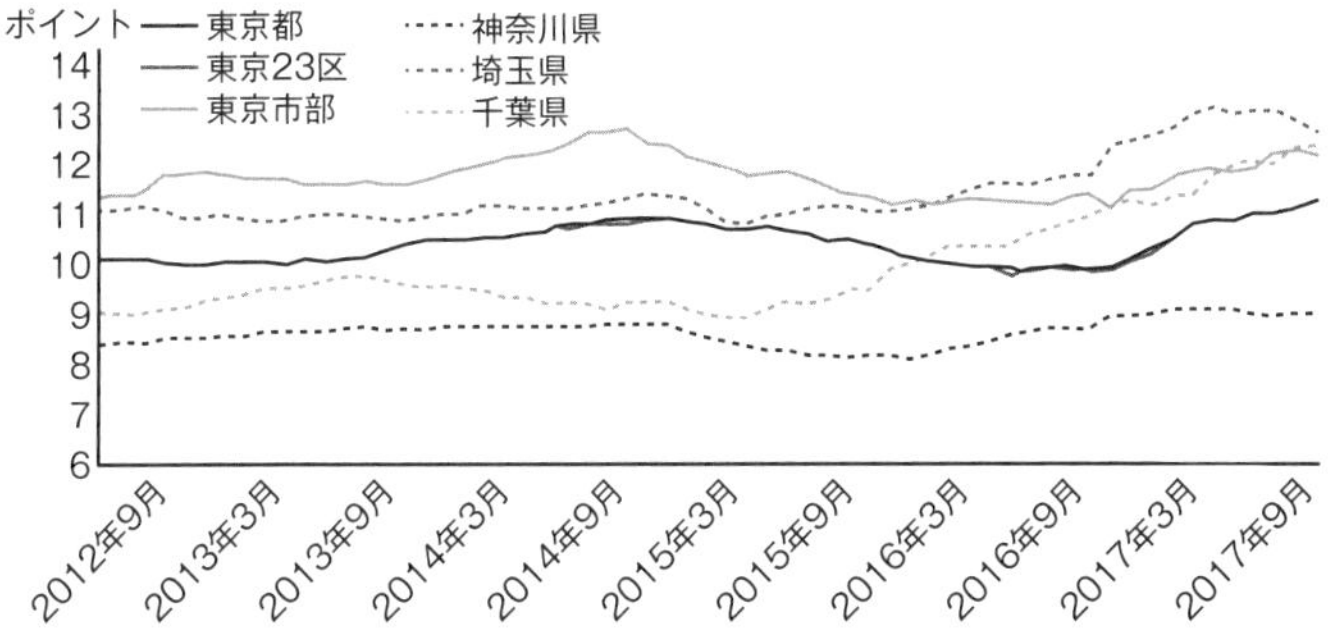

分析:株式会社タス

を招きやすいとも言えます。

不動産投資においては、ニュースの見出しだけを鵜呑みにすることなく、データが伝える真実をきちんと把握したいものです。

ただし、ここ数年で「タス空室率インデックス」が示す首都圏全体のアパートの空室率が上昇していることは間違いありません。その要因は、新築アパートの供給増による前述のような新築完成後の一時的な100%空室カウントを誘引しているから、と考えられています。

2015年度の税制改正で変更された、相続税に対しての「基礎控除額引き下げ」や「小規模宅地等の特例の適用面積拡大」

が、主に土地所有者によるアパート新築を急増させたのです。

また、現在ではすでに見直しが始まっていますが、金融機関の過剰な融資姿勢も、新築アパート急増の一因となっていました。

これらのことが、立地や構造面の異なる東京23区のワンルームマンションに、深刻な影響を及ぼすとは考えにくいですが、同じ賃貸物件ではありますので、引続き調査結果を意識しておく必要はあるかもしれません。

2022年問題とは何か

東京23区などの都市部でも、「生産緑地地区」という標識が立っている畑を見かけることがあります。これは、市街化する予定である市街化区域内において、農地など一定の要件を満たす緑地を計画的に保全し、良好な都市環境の形成を図る「生産緑地法」の指定を受けることで、固定資産税や相続税など税制面で優遇されている土地のことです。

この生産緑地地区、東京都では3296ヘクタール、坪数でいうと997万坪、実に東京ドーム700個分もの面積があり、そのほとんどが、改正法が施行された1992年頃に指定を受けたと言われています。

そして、緑地の指定から30年経過後に行政の土地買い取りがなかった場合、指定そのものを解除して土地を売却したり、有効活用することが可能になります。つまり、2022年以降、まとまった土地が市場に大量供給される可能性があり、「土地の需給バランスが崩れて、相場が大きく変動するのでは？」と懸念されているのです。

これは一般的に「**2022年問題**」と呼ばれ、行政でも対策としての法改正などが継続的に話し合われていて、各種メディアでも少しずつ取り上げられ始めています。

この問題もどちらかと言えば、相続対策で建てられるアパートと競合するような立地の話ですが、市場にどの程度のインパクトを与えるかについては、現時点ではまだはっきりしたことが言えません。

首都圏に物件を持つオーナーは、先ほどの相続対策アパートの関連と併せて、状況を注視していく必要がありそうです。

物件を鍛え上げておく必要性

これまでの章で何度かお伝えしたように、現在の需給ギャップや家賃相場、また将来的な需要供給それぞれのベースを考えると、東京23区での賃貸経営がかなり安全性の高い不動産投資であることは間違いありません。

しかし、不動産投資は時間軸を活用した長期的な運用に妙味があることから、先ほどの相続対策アパートや2022年問題のような需給ギャップの変動要素などを、将来的なリスクとして考慮しておく必要があります。

リスク要因が、想定していたよりも大きな変動を起こした場合でも、余裕をもって追従できるよう、**収益に不満がない現在から物件の競争力を高めておく**ことに越したことはないのです。

そして、その競争力を高める手法の1つが、本書で推奨する**リノベーション**ということになります。

入居希望者が重視するものとは?

東京ワンルームマンションのリノベーションでは、その居住空間をバリューアップすることになります。これに関して、株式会社リクルートのプレスリリースに、興味深い調査報告があります。

『2016年　賃貸契約者に見る部屋探しの実態調査(首都圏版)』という内容で、賃貸物件を契約した人を対象に、リクルートが独自に調査を実施したものです(図表26)。

その中のアンケートで、変えられない要素代表としての「駅からの距離」に対して、「間取り」「内装」「外装」「住宅設備」「耐震性」「断熱・省エネ性」を挙げ、住み替え時に優先する特徴として、優先順位が高いものはどれかを聞いたという項目があります。

その回答結果は、以下のとおりです。

・「駅からの距離」よりも、「間取り」「設備」「内装」を優先する

図表26 住み替え時に優先する特徴(全体／単一回答)

調査数:968　　　　　　　　　　　　　　　　（単位:%）

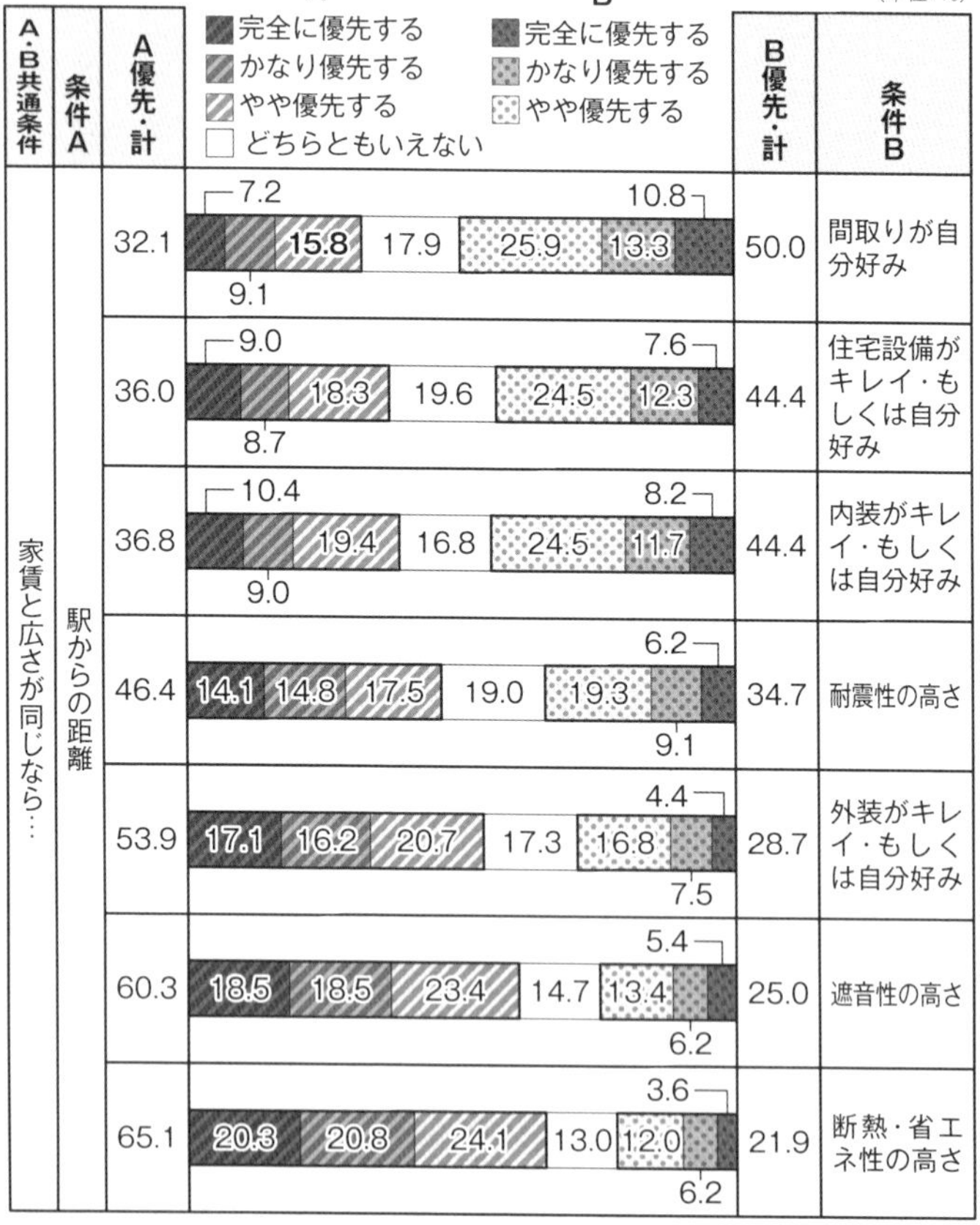

出所:「2016年賃貸契約者に見る部屋探しの実態調査(首都圏版)」(リクルート)

・「耐震性」「外装」「遮音性」「断熱・省エネ性」は、「駅からの距離」よりも優先度が低い

つまり、入居者の部屋探しの項目として、投資家が当然に重要視している「駅からの距離」という利便性よりも、入居者からすると「**間取り**」「**設備**」「**内装**」の優先順位が上だということです。入居者はあくまでも部屋の中に住むのであり、内装や設備といった、実際に生活をする空間の居心地の良さに価値を見出して、入居を決めるのです。

自分らしい生活にこだわる若い世代

もう1つ、視点は異なりますが、入居者の居住空間へのこだわりが見て取れる調査結果を紹介します。

図表27は、リクルートが運営する不動産ポータルサイト「SUUMO」が調査したもので、自分で住むために中古住宅を購入し、リノベーションを施した方を対象にし

たアンケート結果です。

この中で、リノベーションに魅力を感じる理由を聞いたところ、２０１２年にトップだったのは「新築住宅を購入するよりも、ローコストで仕上げられるから」という回答でした。

しかし、２０１４年に改めてアンケートをとったところ、トップになったのは「**新築住宅と違って、自由設計で自分らしさを一番表現できるから**」という回答だったのです。

この調査結果は、「自分で住むために中古物件を購入し、リノベーションをした方」を対象としていますが、特に20代でその傾向が顕著になっています。ここ数年で、「**自分らしい生活スタイルに憧れる若い世代が増えた**」と言って良さそうです。

昨今、大型書店などでは、多くのインテリア雑誌が並んでいます。インテリア雑誌がよく売れるのも、「**自分が生活をしている空間を通じて、豊かで自分らしいライフスタイルを重視する人がそれだけ多い**」ということの表れかもしれません。

現在の東京23区における需給ギャップを考えて、「単に目先の数年、今と同じ水準の

図表27「リノベーション」の魅力（全体／単一回答）

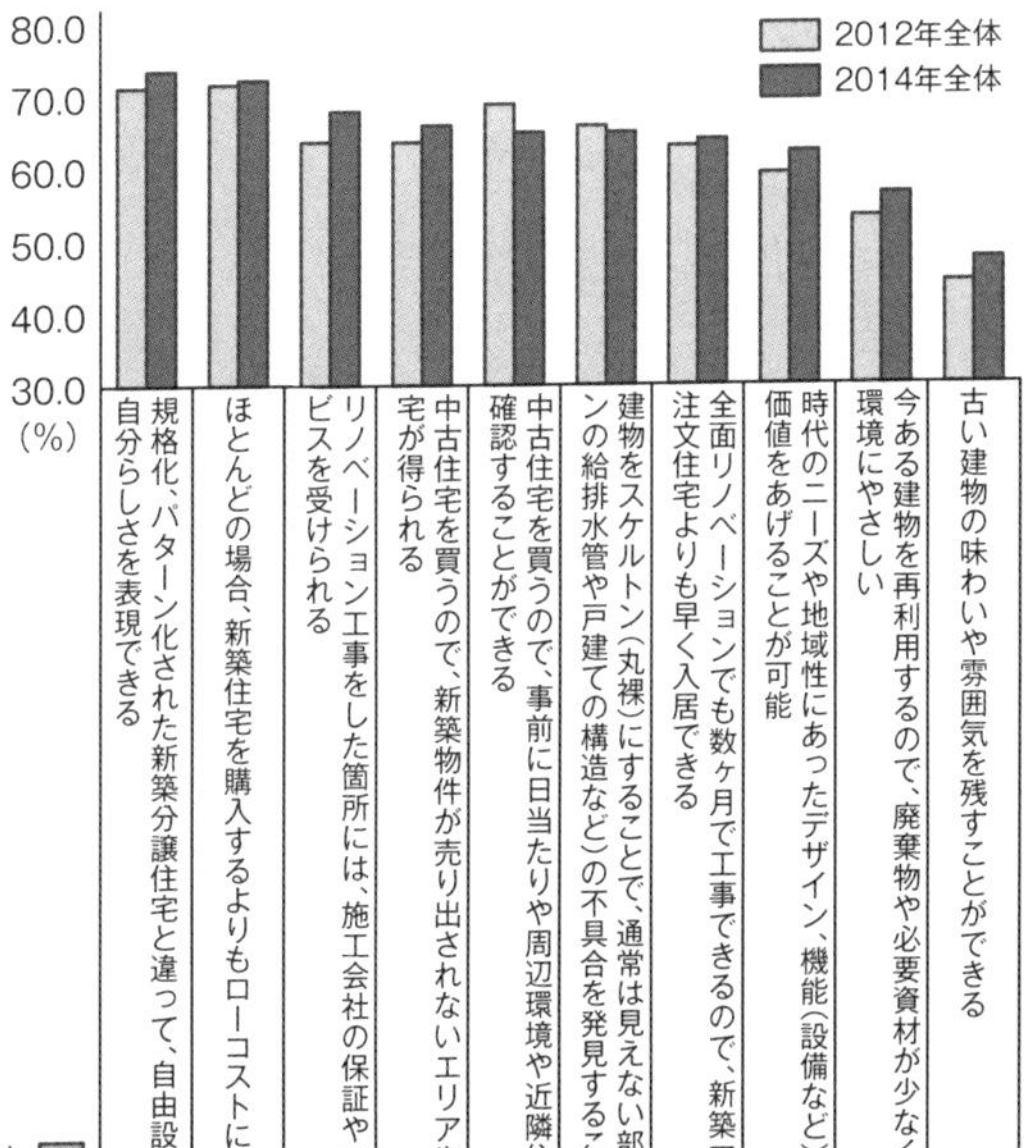

[比率の差]
2014年全体＋10pt以上
2014年全体＋5pt以上
2014年全体－5pt以上
2014年全体－10pt以上

			規格化、パターン化された新築分譲住宅と違って、自由設計で住空間に自分らしさを表現できる	ほとんどの場合、新築住宅を購入するよりもローコストに仕上げられる	リノベーション工事をした箇所には、施工会社の保証やアフターサービスを受けられる	中古住宅を買うので、新築物件が売り出されないエリアや立地でも住宅が得られる	中古住宅を買うので、事前に日当たりや周辺環境や近隣住民について確認することができる	建物をスケルトン（丸裸）にすることで、通常は見えない部分（マンションの給排水管や戸建ての構造など）の不具合を発見することができる	全面リノベーションでも数ヶ月で工事できるので、新築マンションや注文住宅よりも早く入居できる	時代のニーズや地域性にあったデザイン、機能（設備など）を施し、資産価値をあげることが可能	今ある建物を再利用するので、廃棄物や必要資材が少なくてすみ地球環境にやさしい	古い建物の味わいや雰囲気を残すことができる
2014年全体		1,500,538	73.6	72.3	67.6	65.9	64.9	64.9	63.9	62.2	56.4	47.3
2012年全体		1,926,595	71.2	71.7	63.6	63.5	68.8	65.8	63.0	59.2	53.1	44.1
性別	男性	760,417	71.7	68.2	64.7	61.4	60.5	62.4	62.6	60.3	55.2	48.2
	女性	740,121	75.5	76.6	70.6	70.5	69.4	67.4	65.2	64.1	57.6	46.3
年代別	20代	294,736	82.2	77.9	70.1	71.3	72.3	66.3	63.5	63.1	58.2	43.9
	30代	458,995	71.0	73.5	66.8	64.9	62.4	60.3	62.3	60.4	55.2	47.6
	40代	312,463	71.4	68.3	65.5	67.5	64.0	65.5	65.7	60.9	57.1	51.3
	50代·60代	434,345	71.9	70.2	68.3	62.1	63.1	68.3	64.6	64.3	55.9	46.3

出所：リクルート

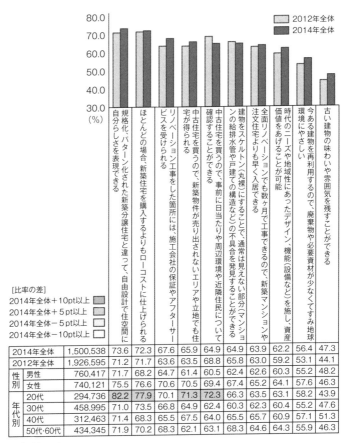

家賃を得る」というだけなら、このようなアンケート結果は、1つの参考情報にとどめておくだけで良いかもしれません。

しかし、将来的なリスク要因への備えや、さらなる収益性の向上のためには、実際に家賃をもたらしてくれる入居者の優先順位や嗜好を、自らの資産に組み入れる価値はあるでしょう。

POINT

- 東京23区の賃貸経営の安全性は高いが、リスクへの備えは必要である。
- 収益に問題がない現時点から、物件の競争力を高めておくべきである。
- 入居希望者が重視するものは、居住空間へのこだわりにシフトしつつある。

03 個性的なデザイン物件が少ない理由

「新築」という無個性化

部屋探しで居住空間への優先順位が上がっていたり、インテリア雑誌が人気なのは、少し前によく耳にした「家飲み」というキーワードにも表れているように、ここ最近の風潮として、**自宅で過ごすプライベートな時間が増加している**ことも一因と考えられます。

人それぞれの生活の仕方、仕事の仕方、人とのつきあい方……と、「**自分らしさ**」を価値観の1つにするのが現在の風潮です。長い時間を過ごす生活空間に、自分らしさを求めるのは、自然な流れのように思えます。

その一方で、自分だけの自分らしさを表現できる生活を送れるのは「単身者」という限られた期間だけになることが多いものです。結婚後も引き続きインテリアにこだわる方はいますが、家族ができて出産～育児とライフステージが進めば、好みの家具や自分らしいスタイルよりも、経済面や機能面など、家族の生活のしやすさが優先されるのは当然かもしれません。

つまり、独身の間は、ファッションや趣味、住宅やインテリアなど、生涯で唯一自分らしいスタイルを表現し、実現できる期間なのです。

しかし、そのような「自分らしさ」を表現した、こだわりの生活スタイルを実現できる住まいは、現在の賃貸住宅市場において、ほとんど存在していないのが実情です。

市場に物件が供給されるのは、土地オーナーまたは不動産会社の意向で建物が新築されたときです。

ここ数年の不動産投資ブームによっても、市場には一定数の新築賃貸物件が供給されましたが、そのほとんどが無個性で画一的な物件ばかりです。

新築の賃貸物件における内装の位置づけは、一般的に以下のようなものです。

①多くの人に借りてもらえるよう、差別化は不要

市場に流通している賃貸物件は、市場の「マス」を対象に設計されています。つまり、多くの人に借りてもらう可能性を残すために、あえて無個性で画一的なデザインを採用しており、そもそも差別化を追求していないとも言えます。

②新築は費用がかさむので、内装や設備コストはなるべく抑えたい

1棟ものの賃貸物件は、オーナーが求める収益目標を達成するために、少ないコストでより多くの収益を上げるよう設計されています。また、1戸単位での販売を前提とする分譲ものも、コストを抑えたいのは同様です。分譲主である不動産会社からすると、土地の仕入れから販売・引き渡しまで2~3年もかかる大がかりなプロジェクトとして、土地仕入れ、資金借り入れ、近隣対策、広告費と、そもそも多大なコストが発生するからです。

しかし、どちらのケースも、建物の構造など重要な部分をコストダウンすることは難しいため、そのしわ寄せは内装に及ぶことになります。つまり、広く流通しているローコストな建材が使われ、どの物件も結果的に、似たようなデザインになってしま

うのです。

③賃貸物件なので、クオリティはそれなりで構わない

賃貸向けの物件は自己居住用と違い、オーナー自身が住むわけではありません。また、収益性を最優先しているため、「コストと客付けさえ問題がなければ、内装の仕上がりは必要最低限がベスト」と考えられてしまいます。つまり、オーナーまたは分譲主が内装のクオリティにこだわっていないため、それ相応の居住空間ができあがることになるのです。

リノベーションによる新築との差別化

これらの考え方は、東京という市場では今後も変わらないことが予想されます。土地オーナーや新築ディベロッパーは、需要側に強く振れた「東京」という賃貸市場に、「新築」というプレミアムを持った賃貸物件を提供するのです。この先、十数年間は賃貸付けに不自由しないことが見て取れます。どうして、わざわざコストをかけてまで

内装にこだわることがあるでしょうか。

つまり、これまで供給されてきた物件も、今後供給される物件も、入居者が求めるような魅力的な空間ではないのです。だからこそ、居住空間に新たな価値を提供するリノベーションは、自らの物件の「競争力」を相当程度高めることができるのです。

不動産投資は先の長い事業経営です。収益が十分に確保できている時点でリノベーションを施し、市場にある画一的な物件から差別化することで、ライバルとの生存競争に勝ち残ることができると考えましょう。

POINT

- 近年、居住空間に「自分らしさ」を求める人々が増えている。
- そのようなニーズに応えている物件は、賃貸市場にほとんど存在しない。
- リノベーションは居住空間に新たな価値を提供できる手段である。

04

■まとめ

このチャプター3では、「リノベーションとは一体どんなものなのか」、そして、「なぜリノベーションをする必要があるのか」といった基本的な考え方を解説してきました。

最後に改めて、リノベーションのメリットを整理してみましょう（図表28）。

現在所有している中古物件、あるいはこれから購入する中古物件に対し、入居者退去のタイミングでリノベーションを施すメリットは、以下のとおりです。

①安心感を得られる

安定した賃貸経営を長く続けるためには、将来的に起こりうるリスクや不安材料をできる限り排除し、経営に安心感を持たせることが重要です。

図表28 リノベーションメリット一覧

安心感	❶差別化のされた空間による空室不安の解消 ❷築年数に応じた家賃下落スパイラルからの脱却 ❸設備一新による突発的な支出、他住戸への賠償責任回避
満足度	❹差別化のされたオンリーワン空間を所有する喜び、愛着 ❺入居者へ喜びを与える空間を市場に提供する社会的意義
費用対効果	❻賃貸入替時の空室期間を短縮させ、空室率を低減 ❼運営費を変化させることなく、家賃を上昇させる効率性 ❽費用全額が減価償却等の対象となる税務面の強み ❾純収益向上、期待利回り低下から生じる正味価値向上

リノベーションを施すことは、他の物件との明確な差別化につながります。そして、その人気の高さと希少価値から市場の需要を強く惹きつけるので、入居者退去後の空室が長引く不安を大きく解消できます。

また「築年数」というモノサシでしか測られない、無個性の空間と一線を画すことになり、築年数経過による賃料低下のスパイラルから脱却することにもなります。

さらには、フルリノベーションによって、通常のリフォームでは手をつけることができない給排水管などの設備にも手が入り、中古物件では当然に想定すべき、突発的な修繕リスクを減らすことができます。つまり、修繕支出や、他の住戸に対する損害賠償といった、寝耳に水的な金銭負担への不安も、同時に解消することができるのです。

②満足度が高い

繰り返しになりますが、賃貸市場には、画一的で特徴のない物件ばかりが供給されています。

もともと東京ワンルームマンションには、その立地の特異性や鉄筋コンクリート造ならではの重厚感から、オーナーシップ、もしくは所有感といった喜びがあります。「自宅以外に、渋谷区○○駅徒歩△分でマンションを持っている」といった満足感です（賛否はありそうですが……）。

それに加え、室内のリノベーションによって、市場において希少価値が高い魅力的な居住空間に生まれ変わらせるわけです。その空間への愛着度も入り混じり、所有していること自体の満足感や喜びは何とも言えないものがあります。

また、入居者は、自分らしいライルスタイルを実現させてくれる、魅力的な居住空間を求めています。しかし、自分だけのライフスタイルを表現できるのは、単身者という限られた期間だけであるにも関わらず、市場にはそういった物件がほとんどありません。

リノベーション物件のオーナーは、そのような市場に対し、「**入居者がワクワクできる魅力的な居住空間を新たに提供する**」という社会的意義を担うことにもなります。

つまり、「**自身の資産形成が入居者の毎日の幸せにつながっている**」という喜びも感じられるのです。

③費用対効果に優れている

リノベーションは様々な側面から、費用対効果に優れていると言えます。

詳しくは後半の章で実例を交えて解説しますが、収益に関わる内容は以下の3つです。

(1)差別化された居住空間は、入居者入替時の空室期間を短縮させることになる
(2)家賃の引き上げ幅は物件によるが、家賃を引き上げても運営費の増加を伴わない
(3)リノベーション費用は会計上の「資産」として計上されるため、ほぼ全額が「減

価償却費」として経費化できる。つまり、正味の手取り収益に関わってくる税務面でも、威力を発揮する

さらに、リノベーションの効果は資産価値にも大きな影響を及ぼします。物件の資産価値は、その収益性とリスク度合いの両方で決定づけられます。運営費の増加を伴わない家賃の上昇という「**収益性向上**」と、空室や修繕といった「**リスク要因の後退**」という2つの側面が、収益還元法を元にした資産価値向上にダブルで寄与します。後ほど改めて解説しますが、ここでは「**施工にかかった費用イコール単純にリノベーションによる資産価値の向上ではない**」ということだけを覚えておいていただければと思います。

Chapter

4

リノベーションの必修項目

リノベーションを行うにあたって、必ず押さえておいていただきたいポイントがいくつかあります。それらはいずれも、リノベーションを本当の意味で私たちの資産形成に役立てる上で大切なものばかりです。

リノベーションの必修項目として、1つずつ確認していきましょう。

01 スケルトンリノベーション

目に見えない老朽化リスク

「スケルトンリノベーション」とは、リノベーションの中でも、物件の内装や、水道・電気などの設備を、必要なものを残してすべて撤去、解体し、新たなデザインに合わせて一から施工し直す工事を指します。

図表29は、当社がスケルトンリノベーションを行なった物件の、解体前と解体後の写真です。ご覧のように、建物の構造部分と一部の配管を除いて、綺麗に撤去されていることがわかります。

実は、この工法は、入居者に対するバリューアップだけでなく、物件のオーナーに

図表29 スケルトンリノベーション

【解体前】

【解体後】

とっても、厄介なリスクを排除するメリットがあるのです。
物件は、新築から築年数が経つにつれ、内装や設備の老朽化が徐々に進みます。
特に、キッチンや浴室といった「水回り」の給排水配管部分は、水圧や温度変化などによる腐食や劣化が進み、最悪の場合、継手や亀裂した部分から漏水を起こし、入居者や近接する住戸に大きな損害を与える場合があります。

しかし、配管の多くは、床下や壁の中を通して施工されているため、退去時のリフォームレベルでは劣化具合を目視できず、メンテナンスは基本的にされないことがほとんどです。

つまり、水回りは「**トラブルが起こってから初めて気づく**」ことが多いという、厄介なリスクを潜在的に抱えている箇所なのです。

水回りトラブルの恐ろしさ

水回りのトラブル対応は、突発的かつ修繕費用が高額になるケースが多いものです。

図表30 管理物件 水回りトラブル事例 2016年3月〜

発生年月	物件名（仮称）	建築年	階数	発生費用総額	内容
2016年3月	コープ世田谷赤堤	1993年	3階	1,053,407円	給湯配管漏水、下階の洋室天井クロス総張替え
2016年4月	マンション新宿	1984年	3階	508,933円	洗濯排水から漏水、下階天井（キッチン）張替え
2016年4月	タウン飯田橋	1985年	8階	1,545,588円	キッチン排水から漏水、下階2部屋の脱衣所、廊下、天井クロス張替え
2016年5月	メゾンコート池尻	1983年	8階	1,296,648円	ユニットバス洗面台の排水管から漏水、下階事務所に被害。天井クロス総張替え＆床カーペット全交換
2016年12月	ハイネス世田谷上馬	1991年	3階	712,432円	給湯配管漏水、下階の洋室天井クロス、床カーペット一部交換
2017年3月	ヒルズ八丁堀	1984年	5階	1,221,434円	電気温水器から漏水、下階2部屋の洋室、脱衣所、廊下クロス張替え

図表30は、当社の管理物件で2016年度に起こった水回りトラブル事例の一部です。

費用の総額や修繕内容を見れば、水回りのトラブルがいかに高額で、下階など、広い範囲に影響を与えるということがよくわかります。特に、床下部分などの漏水では、入居中の床を壊して工事を行うことが必要になります。作業費は高額になるケースが多く、工事が長引けば、入居者の仮住まいとしてホテル代を負担しなければならないこともあります。

他にも、2014年に起こった東京都台東区にある区分マンションの漏水事故では、給水管からの水漏れによって300リットルもの水が流れ出し、下階の事務所兼倉庫にあったパチンコ台が水をかぶったため、数百万円の費用が発生したというケースもありました。

つまり、**水回りのトラブルは修繕費用だけでなく、入居者や下階の住人などの生活にも影響を与え、多大な賠償が発生することもある**のです。

漏水事故は基本的に、オーナーが過失責任を問われます。「**施設賠償責任保険**」に加入していれば、下階など、他の部屋への賠償費用は保険金でカバーできます。しかし、自分が所有する部屋の修繕費用は保険をかけられないため、基本的に全額が自己負担になります。

先ほどの事例では、築20年を超える物件に、水回りトラブルが集中的に発生していることがわかります。

水回りの老朽化によるトラブルを未然に防ぐためには、床材や下地材も含む内装をすべて撤去し、新たに配管をし直すスケルトンリノベーションが最も効果的な対策だと言えるのです。

民法改正が与える影響とは？

ここ最近、専門の業界紙などで取り上げられていますが、民法が明治以来120年ぶりに改正され、2020年に施行される見込みとなっています。そして、この民法改正は、賃貸住宅のオーナーにも大きな影響を与えると言われています。特に内装や設備では、以下の2点に注意する必要があります。

①入居者の原状回復義務に通常損耗は含まないことが明文化

入居者が部屋を退去する際は、入居者の過失による破損などを除き、通常使用や経年劣化といった「通常損耗」と呼ばれる原状回復について、入居者が費用を負担する必要はありません。このことについては以前から、オーナーと入居者の間で敷金返還のトラブルが絶えなかったため、国土交通省が「原状回復をめぐるトラブルとガイドライン」を示し、トラブルを未然に防ぐよう対策を行ってきました。

国土交通省「原状回復をめぐるトラブルとガイドライン」（再改訂版）
http://www.mlit.go.jp/jutakukentiku/house/jutakukentiku_house_tk3_000021.html

今回の改正では、その「原状回復義務に通常損耗は含まない」ことが、民法上でも明文化されることが決まっています。

原状回復義務がこれまで以上に厳格化することで、オーナーは、より一層の費用負担を意識する必要がありそうです。

②住宅設備における故障時の家賃減額が明確化

たとえば、「給湯器の調子が悪いため、ここ数週間、冷たい水しか出なかった」など、住宅設備が故障して通常の使用ができなかった場合、入居者はオーナーに対し、使用できなかった部分の割合に応じて、要求なしに家賃を減額することができるようになります。

このようなケースの場合、改正前の民法611条では、家賃減額を「要求される」

だけでしたが、改正後はいきなり「減額される」ことが明記されます。

つまり、民法改正後はオーナーが、今まで以上に住宅設備のメンテナンスを徹底しなければ、一方的に家賃を下げられても文句は言えないということになるのです。

リノベーションの新たな不安要素

水回りのトラブル対応や、民法改正による家賃減額などから言えることは、「**老朽化する賃貸物件に対して、その場しのぎの原状回復を行うだけでは、将来起こりうるリスクに対して、十分に備えることが難しくなる**」という点です。

つまり、今後はオーナー自身がより一層の責任感を持ち、「**入居者が安心して住める**」住宅を提供することが求められるのです。そして、スケルトンリノベーションによって内装や設備を一新できれば、こういったオーナーの不安が払拭されるはずです。

ただし、ここで新たな不安要素が湧いてきます。リノベーションを請け負う建築業者が、将来的なトラブルが起きないよう、「きちんと施工してくれるかどうか」という点です。

実は、建築業者は見積もり費用の多少にかかわらず、経営方針や作業する職人のレベルによって、仕上がりのクオリティが変わります。いわゆる、良心的でウデの立つ業者に当たればいいのですが、見えない部分で手を抜く業者も残念ながら存在します。

つまり、**リノベーションの業者選定は慎重に行う必要がある**のです。

リノベーション住宅推進協議会とは

このようなリノベーションにおける不安を払拭するために設立された団体が、「リノベーション住宅推進協議会」という一般社団法人です。

リノベーション住宅推進協議会

https://www.renovation.or.jp

この協議会では、優良なリノベーションを行うための統一規格を定め、住宅のタイ

図表31 リノベーション住宅推進協議会の定める統一規格

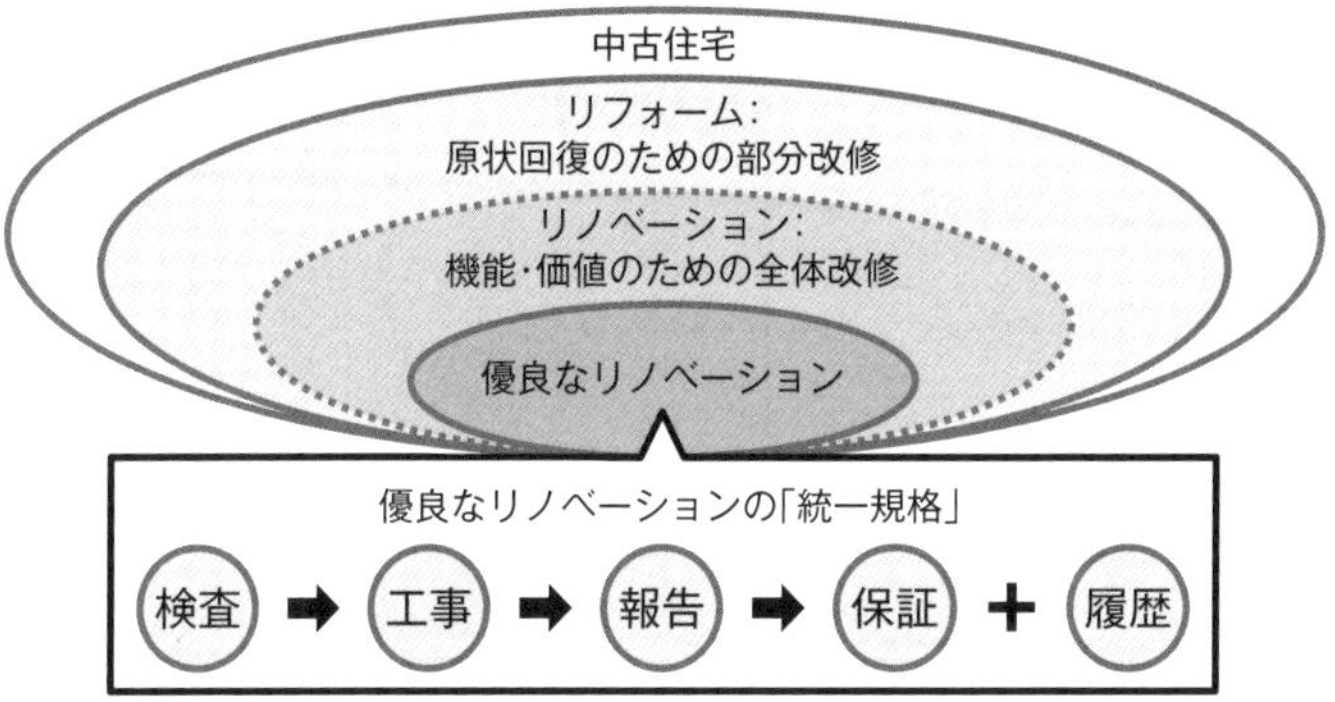

プごとに基準を設定しています。その基準をクリアした住宅を「**適合リノベーション住宅**」として認定することで、安心して住めるリノベーション住宅を市場に提供する仕組みづくりを行っています（図表31）。

また、適合リノベーション住宅の中でも、区分所有マンションでその基準をクリアしたものを、特別に「**R1住宅**」と呼んでいます。R1住宅は、リノベーションの各段階において厳しい基準を設けています。

たとえば、給排水管や電気設備など重要な13項目のインフラについては、設けられた適合検査基準すべてをクリアする必要があります。

また、リノベーションの施工内容や検査の詳細などを記載した「R1住宅適合状況報告書」の提出や、2年以上の重要インフラ保証、リノベーションの図面や仕様など、工事の履歴を協議会のサーバーに保管することが義務づけられています。

つまり、リノベーション住宅推進協議会に「R1住宅」と認定された物件には、そのリノベーション工事に対して、強い安心感を持てることになります。

リノベーション工事を検討する際には、「R1住宅」の認定を取れる施工業者に依頼することがおすすめです。

もちろん、当社でリノベーション工事を請負う場合も、この「R1住宅」の認定を得ることを前提としています。

POINT

- ・スケルトンリノベーションは、目に見えない老朽化リスクの排除に有効。
- ・水回りのトラブルは突発的で、修繕費用が高額になることが多く、要注意。
- ・リノベーション業者選定の基準として、「適合リノベーション住宅」がある。

02 ■ マンションの耐用年数

鉄筋コンクリート造の耐久性

ここまでは、スケルトンリノベーションを中心に解説してきました。

物件を一度スケルトン（構造体）の状態に戻して、一から造り上げる施工方法は、築20年を超えるような物件には最適です。ただし、室内をほぼすべて一新するということは、当然、それ相応の費用がかかることになります。

そうなると、「そもそも自分の中古物件をリノベーションする意味が、果たしてどれだけあるのだろうか」と考える人がいてもおかしくはありません。「築年数が経過した物件をリノベーションしても、建物が古すぎるため、内部だけを施工する価値がもうないのでは？」というわけです。

では、ここで、マンションの基本的構造である鉄筋コンクリート造（ＲＣ）の耐久性について確認しておきましょう。

鉄筋コンクリート造はその名前のとおり、コンクリート造の芯部分に鉄筋を使うことで、頑丈さとしなやかさを兼ね備えた、強度や耐久性の高い構造です。

鉄筋コンクリート造の法定耐用年数は47年ですが、**「適切な維持管理がなされていれば、実際の耐久性はそれよりもずっと長く、一般的に80年～100年はもつ」**と言われることが多いように思います。

どのような理屈なのでしょうか。

鉄筋コンクリート造の耐用年数を決定づけるのは、そのものずばり、**「鉄筋」**と**「コンクリート」**と考えられています。

鉄筋が錆びて腐食してしまうと、建物の強度が失われていきます。「錆び」は金属の酸化還元反応ですから、鉄筋が空気や水に触れて酸化しないよう、アルカリ性のコンクリートで包んでいます。

一方で、コンクリートは、空気中の二酸化炭素と結合することにより、アルカリ性が失われ徐々に中性化していきます。そのスピードは「30年間に1センチずつ」と言われています。

そして、建築基準法では、鉄筋の周りにあるコンクリートの厚さを、最低でも3センチ以上取るよう規定されています。

つまり、鉄筋の周囲にあるコンクリートが中性化されて、鉄筋に酸化という害を及ぼすようになるまで、単純に30年×3センチ＝90年かかる計算になるのです。

さらに、空気にさらされる建物の外壁は吹付材やタイルなどで覆われ、コンクリートがむき出しになっているわけではありません。メンテナンスや管理状態にも左右されますが、実際の中性化スピードは計算値よりも、緩やかなものになるでしょう。

また、コンクリートそのものの耐久性について参考となる「**建築工事標準仕様書**」というものがあります。この仕様書では、鉄筋コンクリート工事における大規模な補修が不要な期間と、それに応じたコンクリートの設計基準強度を段階に分けて定めています。

これによると、一般的な中古マンションで使われていることが多いと言われる強度24N／㎟のコンクリートでは、建物を使い続けるにあたり、〝大規模な補修が不要な期間〟が60年とされています（「建築工事標準仕様書・同解説　ＪＡＳＳ5鉄筋コンクリート工事」日本建築学会　２０１５）。

現実に建物を維持管理していく中では、当然に定期的な修繕やメンテナンスを行っていくため、実際の耐用年数はこれよりも長いものになると推測できます。

「鉄筋コンクリート造の建物は、適切な管理さえ行われれば80年～１００年もつ」という定説は、こういった建築材のデータから考えられているのでしょう。

それでは実際に、鉄筋コンクリート造でそんなに長く経っている建造物はあるのでしょうか。

リノベーションの「器」としての価値

たとえば、商業施設として非常に有名な伊勢丹新宿本店（１９３３年竣工）は、鉄筋コンクリート造の著名な建造物の一例です。伊勢丹は、鉄筋コンクリートに加えて鉄骨を使用している構造ですが、築84年という長きにわたって耐久性を維持していまず。建て替えるという話は出ていませんので、今後も改修を続けながら、日本を代表する百貨店として営業を続けると思われます。

住宅系では、築76年でまだ使用できたものの、建替えによる経済的メリットや、耐震基準改正前の建物、という安全性の問題によって解体された青山同潤会アパート（１９２７年竣工）があります。また、築60年経った現在でも健在の代官山コーポラス（１９５７年竣工）など、法定耐用年数を大きく超えて使われている実例が存在しています。

そもそも、日本におけるマンションの歴史はまだ浅く、先ほどの青山同潤会アパートあたりがその始まりと言えます。その頃の建物の大半は、物理的にはまだまだ使用できるものの、主に耐震性の問題から建て替えが進んでいます。

現在の築20～30年の物件は、耐震基準が改正された後の「**新耐震基準**」の建物です。耐震性を理由とした建て替えの必要はありませんので、今後、こういった物件が築100年を超える事例となってくるのかもしれません。

つまり、マンションの築年数が経っていても、鉄筋コンクリート造の物理的な耐用年数は47年よりずっと長く見込めるため、スケルトンリノベーションする「器」としての価値が十分にあるということが言えるのです。むしろ、**これほどの耐用年数を見込めるということは、働いてくれる期間もそれだけ長くなる**ということです。本格的なリノベーションを施すことで家賃を引き上げられる余地があるのなら、その潜在能力は早めに発揮させておくに越したことはないでしょう。

POINT

・RC造は、適切に管理されれば、一般的に80年～100年もつと言われる。
・RC造は、耐用年数を長く見込めるため、リノベーションに適している。
・早期にリノベーションを施すことで、トータルリターンを大きくできる。

03 ■長く入居者に支持される空間をつくる

「新築そっくり」にしてはいけない

この章では、これまでのリノベーションにおける私の経験上から、「これだけは押さえておいていただきたいポイント」をお伝えしています。続いては、入居者に提供する住空間の話に移りましょう。

ここで強調しておきたいポイントが1つあります。

それは「**新築そっくりにしない**」ということです。「せっかく費用をかけるなら最新の建材を使用して、新築そっくりに生まれ変わらせた方がいい」と思う方がいるかもしれませんが、それは大きな間違いです。

新築そっくりにリノベーションしても、差別化にはなりません。当初は新築そっくりでも、入居者が2～3回転して経年劣化してしまえば、いずれ普通の中古物件に戻ってしまいます。

ここで大切なのは、**市場に数多くある物件に対し、リノベーションすることによって「新しさ」というキーワード以外で差別化を図る**ことです。そして、その**差別化が長期間にわたり保たれるようにする**ことが肝心です。

そのポイントの1つとなるのが、**「室内の内装に使う素材や建材にこだわる」**ということです。

「リノベーション」というと、デザイン面ばかりが強調されがちですが、他の物件との差別化を図りつつ、その状態を永続的に保つためには、「素材」にもこだわっていただきたいのです。

新築が真似できない素材を使う

チャプター3（124ページ）でも触れましたが、新築物件は不特定多数という「マス」を対象に、画一的なデザインに設計されています。そして、主にコスト的な理由による供給側の意向も伴って、どうしても汎用で安価な建材を使わざるを得なくなるのです。

その代表は、部屋の大部分を占める床と壁の仕上げ材です。市場に供給されている部屋のほぼすべてが、合板材のフローリングや化学製品であるクッションフロア、安価なビニールクロスで仕上げられています。こういった素材がすべてダメとは言えませんが、そこには、居住空間が白い壁と茶色い床で彩られているという以外、何も感想は出てきません。

たとえば、床材として、本物の木材である無垢材を使用したらどうなるでしょう。薄い板を大量の接着剤で重ね合わせた合板材とは、質感や手触り感がまったく異なってきます。素材そのものの温もりを感じさせる床材は、入居者にどういう喜びを与えてくれるでしょうか。

「大正ロマン」という言葉があります。主に大正時代の文化事象や雰囲気を伝える言葉ですが、住宅では当時の内装の雰囲気を総称して使います。今でも老舗の旅館や、当時の文豪が住んでいた記念館などの建物で、その雰囲気を直接味わうことができます。たとえば、東京の世田谷にある「徳冨蘆花《とくとみろか》記念館」でも、明治大正時代に活躍した小説家・徳冨蘆花が住んでいた住居が当時のままの姿で一般公開されています。私も何度か足を運びましたが、その室内は、独特の澄み切った空気に満ち溢れた、何とも言えない味わいの深さがあります。当時は、内装材としての化学製品が発達する前であり、無垢の木材や畳、漆喰といった天然素材がふんだんに使われているためです。

こういった本物の素材は、「**使えば使うほど味わいが出てくる**」という特性があります。たとえば、年数が経つにつれてできる無垢材の細かな凹みや傷は、逆に味わいとなって長く残ります。素材にこだわるリノベーションによって、独特の魅力ある空間を演出することができ、さらにその効果は経年によって醸成されていくのです。

市場にある物件に対し、「新しさ」以外での差別化を図り、さらにその効果を長いものにするキーワードの1つは「素材」なのです。

素材にこだわればコストダウンにつながる

ビニールやプラスチックのように、安価で手触り感や素材感が薄く、3〜4年での交換を前提とした素材は、市場にある物件との差別化にはなりません。

当初はコストがかかっても、入居者の入れ替え時に交換が不要で、経年によって味わいが出る「**本物志向の素材**」を検討しましょう。そうすることで、退去ごとに繰り返されるチープなリフォームから脱却することになり、長い眼で見れば、コストダウンにもつながります。

たとえば、安価なビニールクロスを使用する代わりに、壁をペンキ塗りで仕上げるのも有効な手段です。ペンキで仕上げた壁面は、光の当たり具合によってその表情を変え、奥行きのある魅力的な空間を演出することになります。

ペンキ塗りは、最初の施工で、下地の十分な処理や塗りジミを防ぐための日数をかけた重ね塗りが必要であり、相応の手間と費用がかかります。しかし、経年後のメンテナンスは非常に簡単で、入居者自身の手によって、汚れた部分のみを1日の作業で塗り直すことも可能です。ビニールクロスが経年劣化によって定期的に貼り替える必要があることに比べると、先々の費用負担は大きく変わってくるのです。

不動産投資は、長期的な視点を持つことが大切です。ポイントをしっかり押さえてリノベーションすることで、新築との差別化に加え、将来的なコストダウンにもつなげることができるのです。

POINT

- リノベーションでは「新しさ」というキーワード以外で差別化を図る。
- 新築では使われていない天然素材は、物件の魅力を高めるのに効果的。
- 高価な本物志向の素材は長い眼で見れば、コストダウンにつながる。

04 ■リノベーションの費用と家賃上げ幅

リノベーションは「投資の機会」

東京ワンルームマンションのリノベーションでは、スケルトン施工で内装材にもこだわることで、消費税込みで４００万円前後の費用がかかります。既存のエアコンや給湯器を利用するか、角部屋や最上階か、界壁がブロックかどうか、エレベーターがあるかなど、物件のタイプや面積によって費用にある程度の差は出ますが、おおよそこのくらいの予算と考えていいでしょう。

図表32は、スケルトンリノベーションを行った物件の一例です。築23年のマンション３階にある24平米のワンルーム、場所は世田谷区の三軒茶屋です。

図表32 スケルトンリノベーションを行った物件の例

メゾンパレス三軒茶屋（仮称）３階部分
東急田園都市線「三軒茶屋駅」徒歩８分
1993年８月築（築24年）
24.01㎡
リノベーション前相場家賃　85,000円
リノベーション総費用　約400万円
2017年１月末完成済

¥85,000

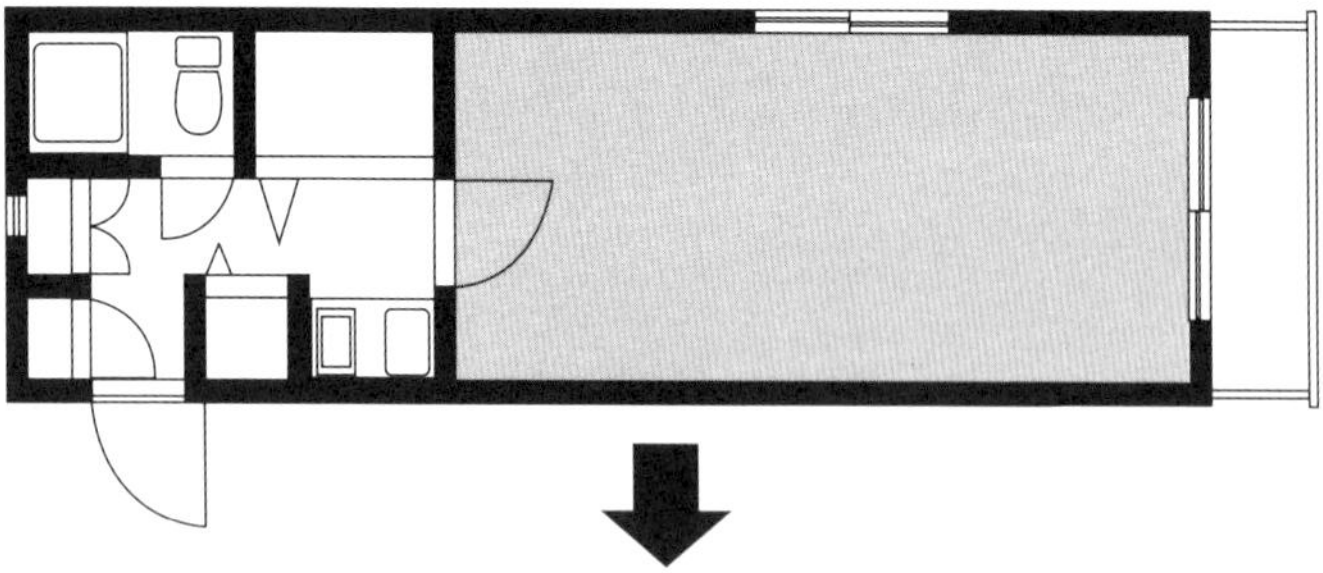

¥105,000

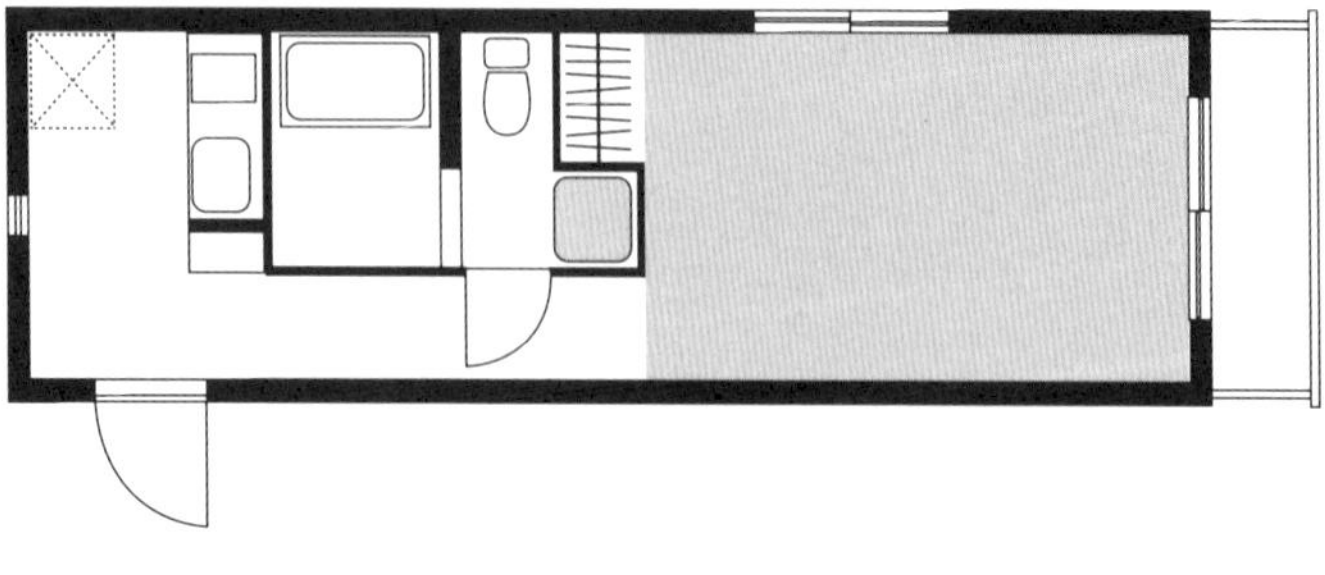

スケルトンリノベーションによって、水回りのレイアウトも含めて新たな空間を造り上げた結果、8万5000円だった家賃が、2万円アップの10万5000円に引き上げられています。

このケースを利回りにたとえれば、リノベーションの費用に対して、年10％を超える収益を得られることになります。詳細は次章で説明しますが、家賃アップとともに、空室損が小さくなること、運営費が変動しないこと、減価償却費といったリノベーションの費用対効果をすべて数字に換算した結果です。

適正に管理されている築20～30年の中古マンションであれば、短く見積もっても30年以上は耐用年数が残っていることになります。本格的なリノベーションを施すことは相応の出費を伴いますが、30年以上にわたって年10％を超える収益を生み出す、優良な「**投資の機会**」と考えれば、決して高いものではないのです。

東京23区の家賃弾力性とは

費用対効果以外にも、リノベーションの大きなメリットとして、賃貸経営に対する漠然とした不安感を払しょくできるという「**安心感**」を挙げることができます。「入居者が退去した際に空室がいつまでも埋まらない」「築年数に応じてジリジリと家賃が下がっていく」といった不安が一掃されます。事故が起これば100万円以上の出費となる水回りの修繕リスクも一気に解消されます。

さらに、「**長きにわたって得られる家賃のアップ**」という付加価値が加わると、これはもう、「**リノベーション**」**という名の立派な〝投資〟**です。

ただし、この家賃アップは、物件の立地次第で大きく差が出ます。つまり、「全国どのエリアでも、リノベーションによって大幅な家賃アップが可能」というわけではないのです。

それでは、どういったエリアで家賃アップを見込めるのか、順を追って確認してみましょう。

まずは、わかりやすい例として、不動産・住宅情報サイトの「ライフルホームズ」が集計した、東京と福岡における単身者向け物件の家賃相場を見てみます（図表33）。

2018年1月の時点では、東京都内で最も人気があるエリアは新宿区であり、家

図表33 単身者向け物件の家賃相場

東京

人気の駅		人気のエリア	
吉祥寺駅	7.8万円	新宿区	9.3万円
池袋駅	8.78万円	中野区	7.75万円
恵比寿駅	12.61万円	渋谷区	10.92万円
中目黒駅	10.43万円	中央区	10.34万円
早稲田駅	7.32万円	港区	11.8万円

福岡

人気の駅		人気のエリア	
天神南駅	5.08万円	福岡市中央区	4.97万円
西鉄福岡駅	5.26万円	福岡市博多区	4.89万円
中洲川端駅	5.28万円	福岡市城南区	3.58万円
千代県庁口駅	5.15万円	福岡市南区	4.32万円
天神駅	5.27万円	福岡市東区	3.74万円

出所：ライフルホームズ　※2018年1月現在

賃相場は9万3000円です。これに対し、福岡市中央区の家賃相場は4万9700円となっています。同じ人気ナンバーワンを比べても、東京と福岡では、家賃相場に4万円以上の開きがあるのです。その違いが「需給ギャップ」によるものであることは、チャプター2（80ページ）で解説したとおりです。

ここでは、「家賃相場」と「募集されている家賃の幅」の関連性に注目してみましょう。

実は、**「家賃相場が高いエリアでは、募集されている家賃の幅も広い」**という傾向があります。

先ほどの新宿区と福岡市中央区で、30㎡未満の物件における家賃の幅をそれぞれ確認したところ、結果は次のようになりました。比較のため、共に定期借家や家具付きなど、特殊事情の物件は対象外としています。

〈新宿区〉　　最低4・2万円〜最高14・9万円
〈福岡市中央区〉　最低2・2万円〜最高7・3万円

家賃相場の高い新宿区では、募集されている家賃の幅は約10万円、福岡市中央区では約5万円でした。つまり、家賃相場の高い低いと、実際に募集されている家賃の幅には、関連性が確認できるのです。

新宿区内で30㎡未満の単身者向け住居が、かたや4・2万円、かたや14・9万円で募集されているのは、築年数や専有面積、最寄り駅からの距離、周辺環境や建物グレードの違いといった、物件の価値を構成するさまざまな要因によるものです。一言でまとめるなら、**「入居者に提供する居住空間の価値」**と言えるでしょう。

入居者は、自分が住む部屋の価値に対して家賃を払います。「価値がある」と感じれば高い家賃を、そうでなければそれなりの家賃しか払わないのです。そして、価値の違いがどれだけ家賃に反映されるかは、そのエリアで募集されている家賃の幅を見ることでわかります。なぜなら、**家賃の幅が広いということは、部屋が提供している価値の違いがそれだけはっきりと家賃の違いに表れている**ということだからです。

少しわかりにくいので、極端な事例で考えてみましょう。たとえば、募集されている30㎡未満のすべての単身者向け住居の家賃幅がたったの5000円しかないエリアがあったとします。そういうエリアでは、新築だろうが築20年だろうが、駅徒歩1分だろうが徒歩15分だろうが、どの部屋を選んでも家賃の差は５０００円しかないということです。つまり、こういうエリアでは、「部屋の価値の違いが家賃に反映される幅が小さい」ということがわかるのです。

そして、オーナーにとって大切なことは、価値の高さが家賃に反映される度合いが大きいエリア、つまり「**元々の家賃の幅が広いエリアでは、部屋の価値を高めたときに家賃をアップできる幅も大きくなる**」ということです。

「駅からの距離」という価値は変えることはできませんが、「部屋の居心地の良さ」という価値を変えることはできます。リノベーションという形で「部屋の価値」を引き上げたときに、家賃をアップできる余地が大きいのは、やはり「**元々の家賃の幅が大きく家賃相場が高い東京である**」ということが言えるのです。

さらに同じ東京都内でも、都心と多摩地域などの郊外とでは大きな開きがあります。やはり、東京23区や吉祥寺周辺の家賃相場が高く、家賃の幅も大きいため、リノベーションによって家賃アップを実現しやすいエリアと言えるのです。

膨大な物件データからわかること

東京と福岡の比較では、不動産ポータルサイトで家賃の幅を確認しました。次に、東京都内での比較をもう少し分析的に、家賃の幅を「**標準偏差**」という形で確認してみましょう。

標準偏差とは、受験生におなじみの「偏差値」と親戚のようなもので、簡単に言えば、「平均値との差のばらつき具合」です。この説明だけではイメージをつかみにくいですが、これまで解説した「家賃のばらつき度合いを表す数値」と理解していただければ大丈夫です。標準偏差の数値が大きければ大きいほど、募集家賃の幅が大きいことを示しています。

図表34は、当社が2018年1月に作成したもので、東京都内における16万9000件もの単身者向け賃貸データから、都内の主要な292の駅について、駅別の平均家賃と標準偏差との関係を示しています。横軸が駅別の平均家賃、縦軸が標準偏差を表します。

グラフからは、平均家賃と標準偏差の間にきれいな正の相関関係があることがわかります。つまり、東京と福岡を比べたときと同じように、平均家賃が高い地域ほど、募集家賃の幅も広い傾向にあることが読み取れます。東京都内で家賃相場が高いのは23区なので、募集家賃の幅が広いのも当然23区ということになります。

一例として、東京23区の平均と、多摩地域である京王相模原線の「南大沢駅」を比較してみましょう。

・東京23区平均家賃　8万2874円　標準偏差　1万4692円
・南大沢駅平均家賃　5万1379円　標準偏差　7965円

ここでも標準偏差の数値が示す細かな意味は割愛しますが、この比較でも平均家賃の高い低いと、それに伴う「家賃のばらつき度合いを示す」標準偏差の関連性を確認できます。

そして、平均家賃の高い東京23区が、特に募集家賃のばらつき度合いが大きい、つ

図表34 都内主要292駅における駅別平均家賃と標準偏差の関係

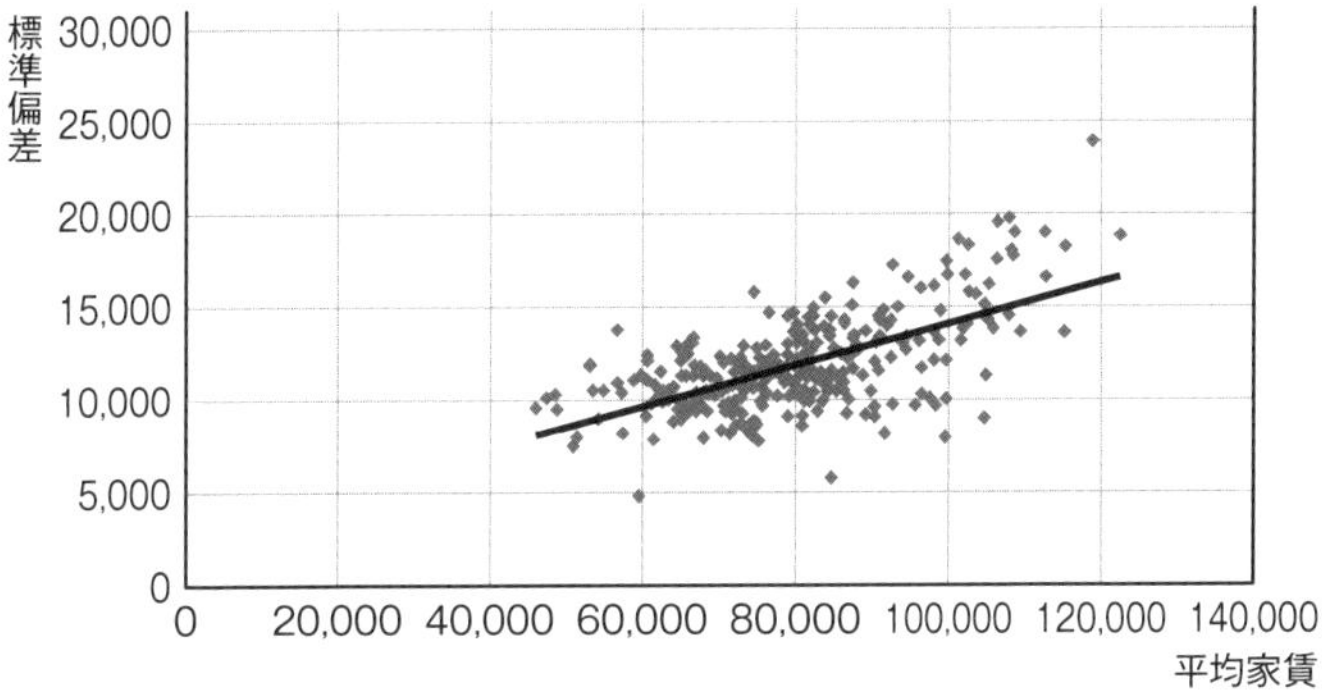

まり高い価値が家賃に反映されやすいということがわかります。

もちろん、家賃のばらつきが少ないエリアだからといって、バリューアップが家賃にまったく反映できないということではありません。

しかし、ばらつきの大きいエリアであるほど、価値を高めた度合いを収益に変換できる可能性が高いのです。

リノベーションを検討する際には、「**東京23区のような家賃相場の高いエリアほど、家賃を上げやすい**」という点をぜひ押さえておいてください。

POINT

・リノベーションは相応のコストを伴うが、優良な「投資」の機会でもある。
・家賃相場が高いエリアは募集家賃の幅も広く、家賃アップの余地が大きい。
・リノベーションで家賃アップを実現しやすいのは、東京23区である。

05 ■リノベーション「いつやりますか?」

リノベーションのタイミング

続いて、所有物件をリノベーションする際の「最適なタイミング」について考えていきましょう。

スケルトンリノベーションのところで触れましたが、築20年を超える物件には水回りの突発的なリスクが隠れています。また、東京23区なら家賃をアップさせる幅が大きく、鉄筋コンクリート造はリノベーション後の耐用年数もかなり長く見込めます。

以上のことを踏まえて簡単に言ってしまうと、「**築20年を超えた物件はタイミング的に、〝いつでもリノベーションするのに適している〟**」ということになります。

他にも次のようなタイミングは、リノベーションを行う良いきっかけになるかもしれません。

①老朽化によって、設備を交換する必要があるとき

前章で述べたように、エアコンや給湯器といった設備の耐用年数は、建物よりずっと短いため、定期的に更新する必要があります。そのタイミングに合わせてリノベーションすることで、設備の更新費用を個別に行うよりも節約できます。また、リノベーション費用を融資でまかなう場合は、設備交換費用も含めて長期のローンを組み込むことも可能です。

②入居者の入替えに苦戦するようになったとき

築年数が経つにつれ、徐々に空室期間が長くなったり、家賃を下げざるを得なくなることがあります。現在の入居者を募集したときに客付けで苦戦したのであれば、次の退去時にはリノベーションを検討すべきかもしれません。

③長期入居していた賃借人が退去し、リフォームが必要なとき

一般的に、長期入居者が退去した場合は、オーナー負担の原状回復費用が高額になりがちです。そのタイミングに合わせてリノベーションすることで、リフォームの費用をリノベーションに回し、無駄を省くことができます。原状回復のリフォーム費用は、たとえ数十万円かかったとしても現金払いが原則となります。一方で、リノベーションという投資の場合は、金融機関の見方が異なりますので、ローンを使える可能性が高まります。

工期の目安は?

次は、リノベーションの工事期間（工期）を見ていきましょう。

スケルトンリノベーションでは、室内をほぼすべて撤去解体してスケルトン状態にし、一から新しい空間を造り上げますので、それ相応の時間を費やすことになります。

基本的な工期は、現地調査を開始してプラン決定〜着工まで約2週間、着工から完成内覧まで約2カ月間を要し、併せて2カ月半が目安になります。リノベーションの

図表35 リノベーション工事の流れ

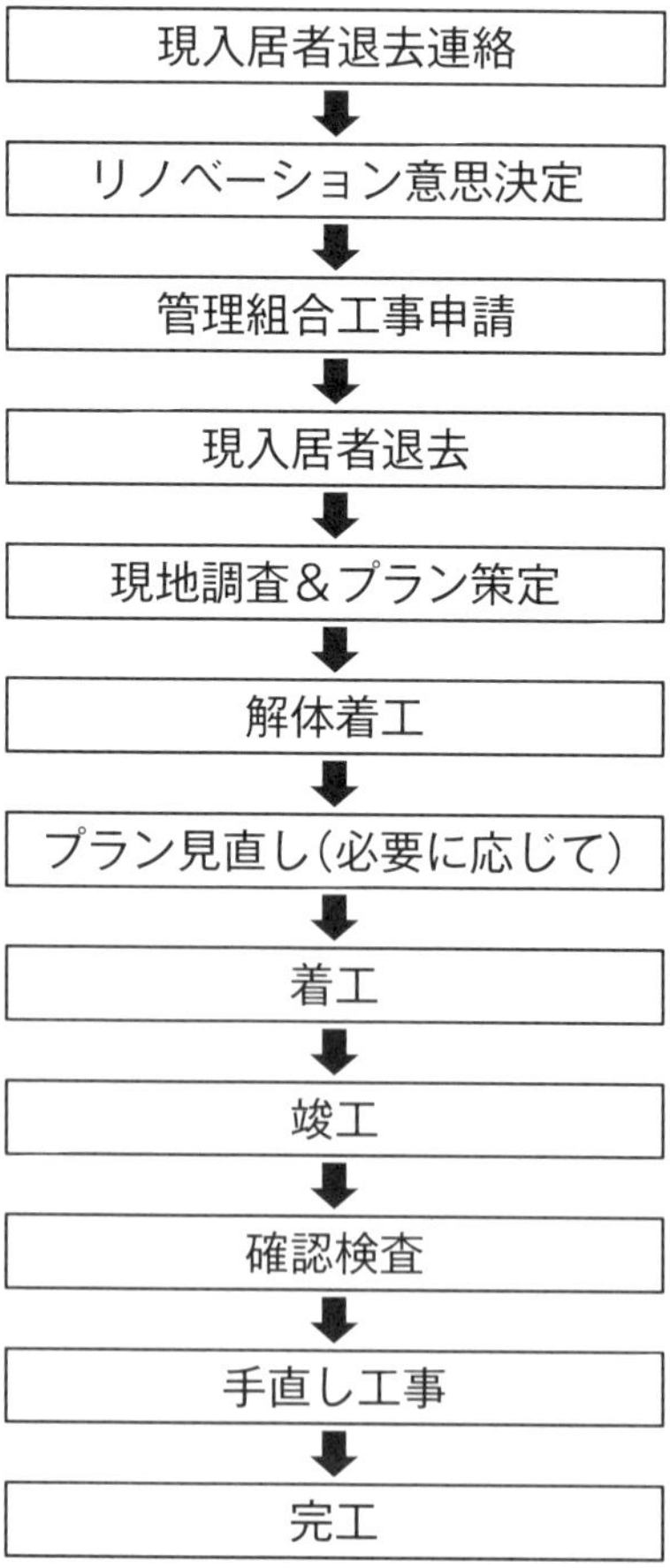

大まかな流れは図表35のとおりです。

ここで注意すべきことは、**マンション一室のリノベーション工事の場合、事前に管理組合へ届け出をする必要がある**ことです。工事開始前の何日前までに届け出るかはマンションによるのですが、1カ月以上前という場合もあります。ひどい場合には、理事会の承認が必要で、その理事会が2カ月に1回しか開かれないといったケースまでありました。

リノベーション工事において、このような届け出のプロセスを避けては通れません。プランが確定したらスムーズに工事を始められるよう、入居者が実際に退去する前から、色々と準備を進めておく必要があります。

もう1つ押さえておきたいのが、**「工期が延びる」**というリスクです。

リノベーションする物件は同じものが2つとないため、フローリングや壁を撤去するなど、実際に解体を始めてから判明する事実が少なくありません。

新しい空間のプラン作成は、入居者退去後の現地調査や新築当時の資料などで行いますが、床下の給排水管の動線がどのようになっているかの詳細までは確認できません。解体後に、当初想定していたバストイレやキッチンなどの水回りレイアウトが難しいことが判明して、プランを一からやり直すこともあります。

また、解体中にバストイレを仕切る壁がブロック壁であることが判明し、工事の続行に理事会の承認が必要となり、多くの時間を費やしたケースもありました。

他にも、マンションという集合住宅の工事の場合は、近隣住戸との調整も必要となります。通常は平日の日中は工事が可能ですが、夜型の仕事をしている方が隣り合った住戸などにいると、午前中は工事不可にされるケースもあります。そうなると当然、工期も長引いてしまいます。

工期が延長された場合は、募集開始も後送りになり、空室の期間が延びることにつながります。

施工をする側で色々と工夫もできますが、工期延長リスクをゼロにすることはできません。リノベーションを行う際には、入居者の退去連絡が入ったら、速やかに意思決定や準備を進めていくことが重要です。

リノベーションと節税効果

工期の目安が2カ月半となれば、リノベーションに伴う空室期間は、3カ月程度を見る必要があります。一時的とはいえ、その間は家賃が入らないことになります。

不動産投資を「リタイア後の収入源」と考えている方は、余力のある現役のうちにリノベーション工事を行うのが良いかもしれません。空室期間中の穴埋めを本業からの収入で賄うこともできますし、減った収入に応じて、所得税や住民税を安く抑えることができるからです。

詳細な説明は省略しますが、不動産所得は総合課税の対象として、給与所得と合算することで課税額が決まります。たとえば、現在のおおよその税率が所得税20%、住民税10%の方であれば、空室で年間20万円家賃が減ったとしても、減った収入のうち30%は税金が安くなるという形で還元されます。税金をしっかりと支払っている現役中は、税率の合計分が家賃保証として自動的に付帯されているようなものだと理解しましょう。

また、この後の章で解説しますが、リノベーションにより付加される減価償却費も所得を圧縮し、納める税金を安くする働きをしてくれます。

リノベーション工事期間中の空室によるマイナス軽減と、減価償却による所得圧縮効果を最大限に活かすためには、**現役中のリノベーションがおすすめ**です。

さらに、現役中であれば、リノベーション費用の捻出をローンでまかなうという選択肢も追加されます。

POINT

- 築20年を超えた物件は、タイミング的にリノベーションに適している。
- リノベーションの工期は、現地調査から完成内覧まで約2カ月半が目安。
- リノベーション費用には節税効果があるので、現役中に行うのが得策。

06 まとめ

東京23区でワンルームマンション経営を行っている場合、現時点では、目に見えて空室に困っていたり、家賃がどんどん下がっているということはほとんどないと思います。それが「東京」という特別な市場を選んだ恩恵でもあるわけです。

ただし、長期的な視点で考えた場合、徐々に古くなっていく物件が、いつまでも手放しで安泰なわけではありません。

この章でお伝えしてきた内容は、以下のとおりです。

- 築20年を超える物件には、隠れた水回りリスクがある
- マンションの耐用年数は、80年程度までは考えられる

・素材にこだわることで、経年に応じて魅力を増していく空間を造ることが可能
・東京23区では、バリューアップした結果を家賃に反映させやすい
・リノベーションは、税務面にも影響を与える

以上を踏まえると、本章でお伝えした「築20年を超えた物件はいつでもリノベーションに適している」というよりは、**「築20年を超えた物件は、なるべく早くリノベーションするのが良い」**ということが言えるのではないでしょうか。

私自身の12年間、450戸を超えるリノベーションの経験から、特に大切だと思えることを包み隠さずお話ししました。ぜひ、今後の参考にしていただければと思います。

Chapter 5

リノベーションの費用対効果

ここまでの章で、リノベーションの基本的な内容と、大切にしていただきたいポイントを確認してきました。
Chapter5 では、リノベーションの費用対効果をさらに深掘りすることで、実際にリノベーションした場合の数字的なシミュレーションをしてみたいと思います。

01 ■リノベーションが収益性に及ぼす影響

資産形成の仕組み（おさらい）

まずは、資産を形成するための仕組みを、もう一度おさらいしてみましょう。

不動産投資の魅力とは、「不動産」というコピーロボットに働いてもらい、本業とは別の時間軸を新たに増やすことで、お金（資産）が増える仕組みを作るところにありました（図表36）。

また、いったん稼働し始めれば、24時間365日休みなく働き続けてくれることも、不動産のストロングポイントです。

図表36 不動産投資の仕組み

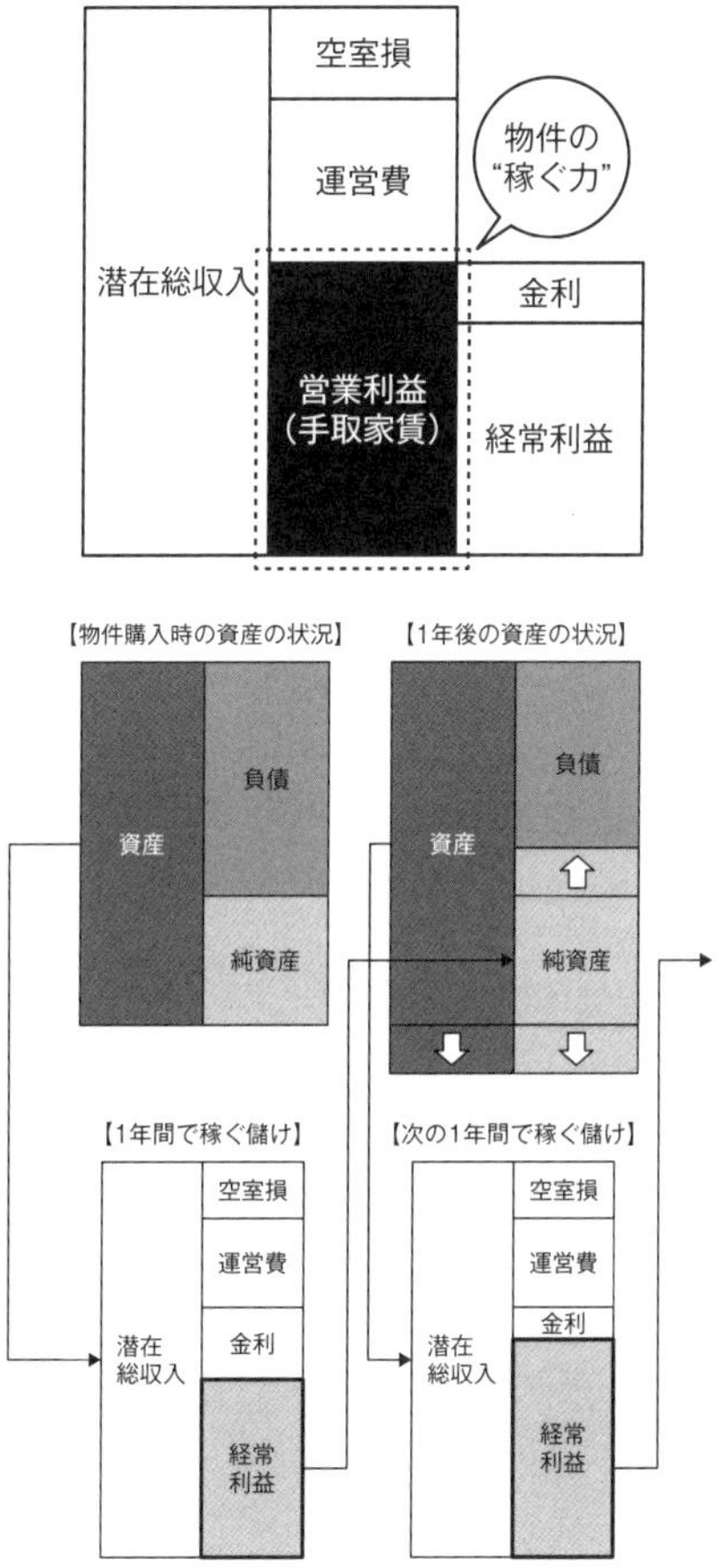

チャプター1では、財務三表を活用することで、不動産から資産を形成する仕組みを細かく見てきました。キャッシュフローツリーから商売の儲けである「経常利益」を把握し、「物件の〝稼ぐ力〟をいかに最大化させるか」というポイントも重要です。物件で稼いだ経常利益を資産に組み入れることで、バランスシート上の純資産が徐々に増えていきます。1つの物件だけを所有するのもいいですが、リスクの管理をしながら複数の物件を並行して走らせることで、将来的により多くの純資産を形成していくことが可能になります。

このサイクルにリノベーションを組み込めば、純資産の拡大サイクルはより強固になります。「コピーロボット」という時間軸をさらに鍛え上げ、物件の〝稼ぐ力〟をよりパワーアップした「スーパーコピーロボット」にするというイメージです。

東京ワンルームマンションの特徴(おさらい)

東京ワンルームマンションの特徴も、もう一度おさらいしておきましょう。

東京ワンルームマンションで一番特徴的と言えるのは、他のエリアに比べて賃貸の需給ギャップが需要側に大きく振れているため、平米あたりの家賃単価が格段に高いことです。家賃単価が高ければ、家賃における運営費の比率を低く抑えられるため、物件の〝稼ぐ力〟が強いと言えます。また、運営費は築年数の経過によって徐々に上がる傾向にあるため、上昇分を家賃でカバーできる余裕があるのも、東京ワンルームマンションの魅力と言えます。

そして、先ほど触れたように、物件の〝稼ぐ力〟をより強力に鍛え上げるのがリノベーションです。実例を使って解説してみましょう。

東京都品川区の荏原中延《えばらなかのぶ》駅から徒歩6分の場所にある築28年の5階建てマンション。物件はその2階にある約24平米のワンルームです。家賃は7万8000円、表面利回りは5・92%でした。この物件をリノベーションすることで、2万円アップの9万8000円という家賃が実現しています（図表37）。

リノベーションによる平米数の変更はないため、運営費はまったく上がっていません。つまり、リノベーションによって、物件の〝稼ぐ力〟が純粋にアップしたということになるのです。

図表37 リノベーション 実施例　収益性検証

ビフォアー　¥78,000

リノベーション前:総投資金額　1,580万円

潜在総収入(年間賃料)		936,000円
空室損(入替期間60日／3年)		−51,287円
運営費		−283,080円
	管理費等	−197,760円
	内装費	−20,000円
	固都税	−39,400円
	管理委託料	−25.920円
年間手取家賃		601,633円

(月額手取家賃　50,136円)

アフター　¥98,000

リノベーション後:総投資金額　1,990万円
(購入金額1,580万円+リノベ費用410万円)

潜在総収入(年間家賃)		1,176,000円
空室損(入替期間30日／3年)		−32,219円
運営費		−283,080円
	管理費等	−197,760円
	内装費	−20,000円
	固都税	−39,400円
	管理委託料	−25,920円
年間手取家賃		860,701円

(月額賃料　71,725円)

リノベーションにより1㎡辺り家賃単価が上昇しているが、
リノベーションによる平米数の変更はないので当然運営費に変更はない

リノベーションを「新たな物件」にたとえると

では、リノベーションの収益性について、中延の物件をもう少し掘り下げて見てみましょう。

先ほどの図表37の上段の図のように、もともとこの物件は、潜在総収入（年間家賃）が93万6000円、運営費が28万3000円、潜在総収入に対する運営費の比率は30.24％（28万3000円÷93万6000円×100）でした。この物件を410万円かけてリノベーションすることで、月額2万円、年間24万円の家賃アップを実現しています。

仮に、**リノベーション単体を1つの「物件」に見立てた場合、「410万円の物件を購入し、24万円の年間家賃を得るようになった」と捉え直すことができます。**ここに空室損（30日／3年）を考慮すれば、図表38の上段の計算式になります。

ここでは、「410万円かけてリノベーションしたこと」を「410万円の物件を買ったこと」と見立てています。

仮に410万円の物件を買ったとすると、管理費などの運営費が当然発生します。しかし、**「410万円の物件を購入し、24万円の年間家賃を得た」という、この24万円はあくまで手取家賃であり、運営費が加味されていません。**

そこで、リノベーション前の物件と比較しやすいよう、最後の年間手取家賃は変えずに、リノベーション前と同じ運営費比率（30・24％）を当てはめて逆算してみると、結果は図表38の下段のようになります。

少しわかりにくいかもしれませんが、「リノベーションしたこと」を「物件を買ったこと」と見なして、本来支払うはずの運営費分をカウントすれば、もともとの潜在総収入は24万円から34万円以上になり、物件価格410万円に対しての表面利回りは8・39％（34万4000円÷410万円×100）になります。

つまり、持っている物件にリノベーションしたことは、「東京23区内」「表面利回り8・39％」の物件を「410万円」で買ったことと同じ意味になるのです。

さらに、後述する「減価償却」の節税効果や、空室期間が短縮するメリットを加味

図表38 リノベーションを新たな物件にたとえると

【リノベーション物件】

潜在総収入（年間家賃）	240,000円
空室損（30日／3年）	−6,575円
年間手取家賃	233,425円

↓

【リノベーション物件】
（運営費込で見直した場合）

運営費分を加味した年間家賃

潜在総収入（年間家賃）	344,036円
空室損（30日／3年）	−6,575円
運営費（30.24%）	−104,036円
年間手取家賃	233,425円

すると、この利回りはさらに高いものとなります。

販売図面で見るリノベーションの優位性

リノベーションを「新たな物件」にたとえて販売図面を作ると、図表39のようなイメージになります。これは、先ほどの「運営費の加味」に加えて「減価償却費」「空室損の圧縮」を数値に換算した結果で、実に10・39％（3万5515円×12÷410万円×100）の表面利回りを叩き出しています。東京都の城南エリアにおける期待利回りは平均4・5％前後、価格は1500万〜2000万円がメインです。東京で区分ワンルームマンションを検討したことがある方なら、表面利回りが10％を超える価格410万円のリノベーション物件が、いかに〝お買い得〟なのかをよく理解できると思います。

もちろん、不動産投資の教科書的に言うならば、表面利回りそのものは重視すべき指標ではなく、大切なのは実質利回りです。ここで「リノベーションしたことを、物件を買ったことに見立てて、表面利回りを算出した」のは、東京ワンルームマンショ

図表39 リノベーションを「新たな物件」にたとえた販売図面

〔当初の販売図面〕

〔リノベーションを新たな物件にたとえた販売図面〕

ンの購入とわかりやすく比較したかったからに過ぎません。

東京ワンルームのリノベーションには、2つの側面があります。

1つはたとえて言うならば、〝守り〟の側面です。空室に対する不安や家賃下落の解消、水回りのリスク対策など、マンション経営をさらに安全安心にすることができます。

もう1つが、この項で解説している〝攻め〟の側面です。「リノベーションする」という「投資」は、高い利回りを見込める物件を新たに購入するのと、同じ意味合いを持っています。

つまり、**「物件を新たに購入すること」と「所有物件に新たにリノベーションすること」は、「自分の資産ポートフォリオに一定の利回りを見込んだ資産を組み込む」という意味合いで同じ土俵の上にある**と言えるのです。

投資家は、東京ワンルームが表面利回り10％超で売りに出されていたら、ほぼ間違いなく購入し、自分の資産に組み込むでしょう。

そういう観点を持って、自分が所有している物件やこれから購入する物件を、リノベーションの可能性も含めて捉え直してみると、これまで気づかずにいた**「新たな投資の機会」**が見つかるかもしれません。

リノベーションによる費用対効果の整理

ここまで、中古物件をリノベーションすることの費用対効果について、事例を交えながら見てきました。ここで、項目ごとの整理と補足をしておきたいと思います。

①空室期間の減少

「空室損」は、賃貸経営で発生するであろう空室期間を年換算した数値です。物件のリスク度合いを反映しますので、エリアや構造ごとに空室損の目安を調整する必要があります。東京ワンルームマンションでは、平均入居期間を約3年、入替時の空室期間を約60日で想定し、年間家賃の5%くらい〈60日÷〈365日×3〉〉を空室損として試算することが一般的です。

その一方で、当社が施工し一定期間に入れ替えのあった41戸分のリノベーション物件では、その多くで空室期間が短縮されたという結果が出ています。その平均入替期間は28・2日となっており、長い空室期間でも2カ月。早いものでは、退去後のクリーニングが済むと同時の入居といったケースも出ています。

また、募集開始から入居申し込みまでの日数が少ないことも、リノベーション物件の特徴です。早い物件では退去の1カ月以上前から申し込みが入り、室内の確認を待たずに入居が決まるという事例もあります。リノベーション物件に対する人気の高さを伺えるエピソードと言えるでしょう。

先ほどのリノベーションを購入に見立てた場合の販売図面では、空室期間が60日から30日に短縮される効果を「空室損の圧縮」分として家賃に反映しています。

図表40 建物のライフサイクルコスト

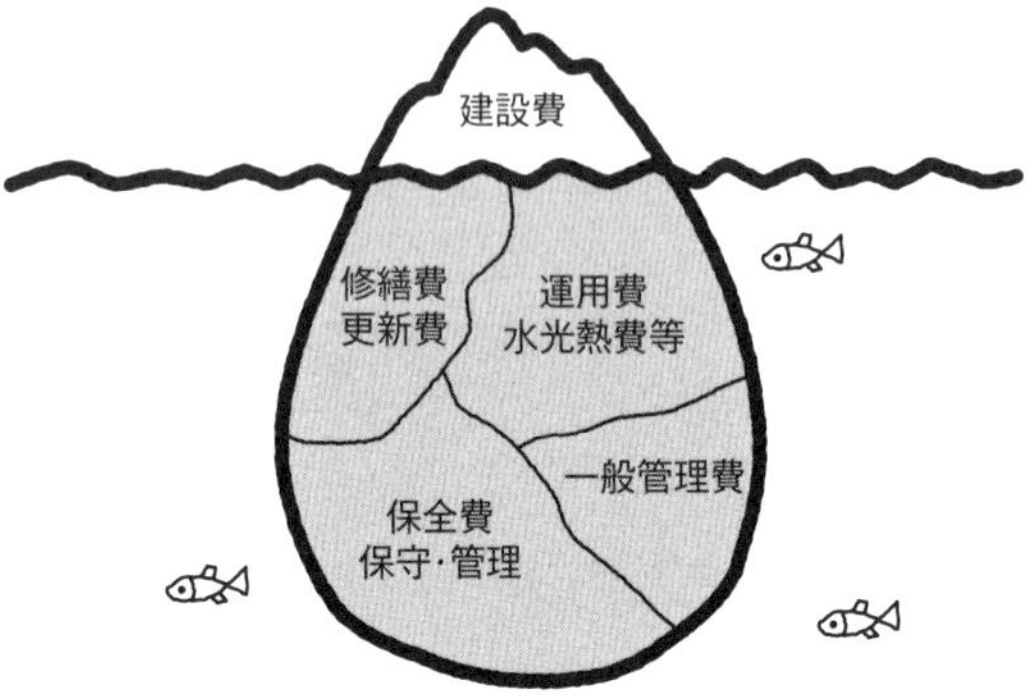

②運営費の比率低下

ここまで、不動産投資は長い視野で捉える必要があることを度々述べてきました。管理費や修繕積立金などの「運営費」は、築年数の経過などで徐々に上がる性質のため、長期の賃貸経営において収益に少なからぬ影響を及ぼします。

建物の「ライフサイクルコスト」（LCC）という考え方があります。これは、建物の竣工から解体されるまでの期間にかかるコストを計算したもので、一般的には建設費のおよそ3～4倍のコストがかかると言われています（図表40）。

ライフサイクルコストは、建物の管理方法や修繕計画次第でコストが増減したり、建物の寿命が大幅に変わります。

適切かつ定期的なメンテナンスを行うことで、資産価値の低下を防ぐことにつながりますが、その反面、管理費や修繕積立金といった運営費が上がることも考慮しておく必要があります。

また、近年の人手不足による人件費の上昇によって、壁紙張替えなどの内装費も値上がりしています。リノベーションを先送りにして安価なリフォームを繰り返す限り、そのようなコストの上昇も収益を圧迫する要因になります。

こういった運営費の上昇要因は、区分マンションのオーナー個人がコントロールできない部分です。

前の章でお伝えしたように、家賃が同じ10万円の物件で、25㎡の東京ワンルームと50㎡の地方物件でともに管理費などの運営費がアップしたとしたら、収益性で厳しくなるのは50㎡の地方物件です。なぜなら専有面積が大きく運営費比率が高い地方物件は、運営費が値上がりする際の絶対額も大きなものになるからです。

さらに、このケースで、25㎡の東京ワンルームをリノベーションで12万円の家賃にアップさせたとしたらどうでしょう。運営費が上がるというネガティブなインパクトはさらに小さくなるはずです。

つまり、運営費そのものを圧縮しようとするのではなく、リノベーションによって家賃単価を高くし、家賃にかかる運営費の比率を低く抑えることが、将来の運営費アップに対抗できる数少ないソリューションだと言えるのです。

③減価償却による節税効果

これまでも何度か触れてきましたが、リノベーションの費用は「減価償却」の対象となり、節税に一定の効果があります。減価償却とは、建物や設備などが年月の経過によって老朽化し、その価値が減っていく割合を一定の額や率などで算出した「経費」として扱い、所得や利益を圧縮できる仕組みです。

不動産投資における減価償却は、税金対策として避けては通れないテーマですが、同時に、理解することがなかなか難しいルールでもあります。

そこで、もう少しわかりやすく説明してみましょう。

たとえば、似顔絵を描く商業アーティストが、似顔絵を非常にうまく描ける「魔法のペン」を100万円で購入したとします。

このペンは非常に高価ですが、製造した職人の説明ではそのままでも5年間使え、部品交換などのメンテナンス次第では10年以上使用できるという優れものです。

このペンを使って似顔絵を量産し、年間100万円を売り上げたとしたら、確定申告の「所得額」はいくらになるでしょうか？

かなり大雑把な計算ですが、もし、このペン代100万円の全額を、その年の「経費」として扱うことができれば、所得額は差し引き0円となり、この年に支払わなければいけない税金も0円になります。

ただし、この場合、1年目は税金を払わずに済むのですが、2年目からは出せる経費がなくなって所得額が増え、支払う税金も高くなりそうで心配です。また、まだまだ何年も使える魔法のペンなのに、買った年だけの経費にしかできないのは、少しおかしい気がします。

そこで、税法上のルールでは耐用年数2年以上、かつ一定額を超える金額については、減価償却の対象となる「資産」として扱い、決められた耐用年数に応じて、分割して費用計上する決まりになっています。ちなみに、ここでいう耐用年数とは、あくまでも決め事としての年数で、マンションなどの建物や魔法のペンが実際に使える期間とは異なります。

仮に、魔法のペンの耐用年数が5年と定められているとしたら、100万円を5分割して、毎年20万円ずつの減価償却費を計上することで、初年度は図表41のような所得額になります。

リノベーション費用も、この魔法のペンのように「資産」として扱われ、新しい空間を造るのにかかった費用は、耐用年数に応じて分割計上することになります。

細かい説明を追加すると、リノベーション費用のうち、既存の室内を解体撤去する費用は一括の「経費」として計上し、新たな空間の間仕切りや床、壁などにかかった費用は「躯体《くたい》部分」、新たな給排水管や電気配線などを含む設備類は「設備部分」として、それぞれの耐用年数に応じて減価償却していくことになります。

減価償却の魅力は、一気に経費化して所得をゼロにするのではなく、毎年分割して経費化することで、「**耐用年数の間は一定の節税効果を得られる**」という点です。

図表41 減価償却費

売上	1,000,000円
消耗品費（魔法のペン）	1,000,000円
所得額（売上－経費）	0円

↓

売上	1,000,000円
減価償却費（魔法のペン）	200,000円
所得額（売上－経費）	800,000円

つまり、リノベーションすることで家賃を引き上げる一方、税務上は引き上げた家賃から相応の経費を差し引くことができ、私たちの手取りとなる実質的な利回りを一定以上のレベルに保ってくれるのです。

ここで強調しておきたいのは、リノベーションと物件購入との違いです。

物件購入の場合でも、減価償却費は定められた年数に応じて計上することができます。ただし、物件購入では、物件価格の全額が減価償却費の対象とはなりません。なぜなら、物件における購入価格の内訳は「土地代」と「建物代」に分かれているものの、減価償却の対象にできるのは「建物代」のみだからです。これは、土地そのものは経年によって価値が減少しないことから、そもそも減価償却の対象にならないためです。

たとえば、２０００万円の物件を購入したとして、内訳が土地代１０００万円、建物代１０００万円だとすると、減価償却の対象にできるのは建物代の１０００万円のみです。

一方で、リノベーションについては、その費用をすべて減価償却等の経費とすることができます。

つまり、**リノベーションしたことでアップした家賃と、物件を買ったことで得られる家賃とは、私たちの手取りの家賃になる際に、税金の引かれる割合が違ってくるの**です。

たとえば、先ほどの事例のように、年間24万円の家賃を得られる４１０万円の物件を実際に買い、土地代と建物代の内訳が半々だったとすると、今後、減価償却で毎年経費化できる金額の基礎は建物代の２０５万円のみです。一方で、年間24万円の家賃がアップするリノベーションを４１０万円かけて行った場合は、丸々４１０万円を減価償却等の経費にすることができるわけです。

そういった税務面でも、リノベーションによる〝投資〟は、物件購入との比較で優れていると言えます。

先ほどのリノベーションを購入に見立てた場合の販売図面では、この減価償却の割合が高い効果も家賃に反映しています。

物件購入と所有物件リノベーションの共存

「物件購入」と「所有物件のリノベーション」は、どちらも投資ということに変わりはありません。収益の「スケール」（規模）としては物件購入の方が有利ですが、その一方、「利回り」という点で見れば、圧倒的にリノベーションの方が優秀だと言えます。

資産規模を拡大させるためには、お互いのメリットをうまくミックスして経営すべきです。つまり、「いい物件を買えるチャンスがあれば物件購入で」、「所有している物件のリスクを排除し、物件の〝稼ぐ力〟を鍛え上げたいときはリノベーションで」、といった具合です。

物件を増やすことに加え、そこにリノベーションをうまく組み込めば、純資産拡大

図表42 純資産拡大サイクル×複数戸×リノベーション

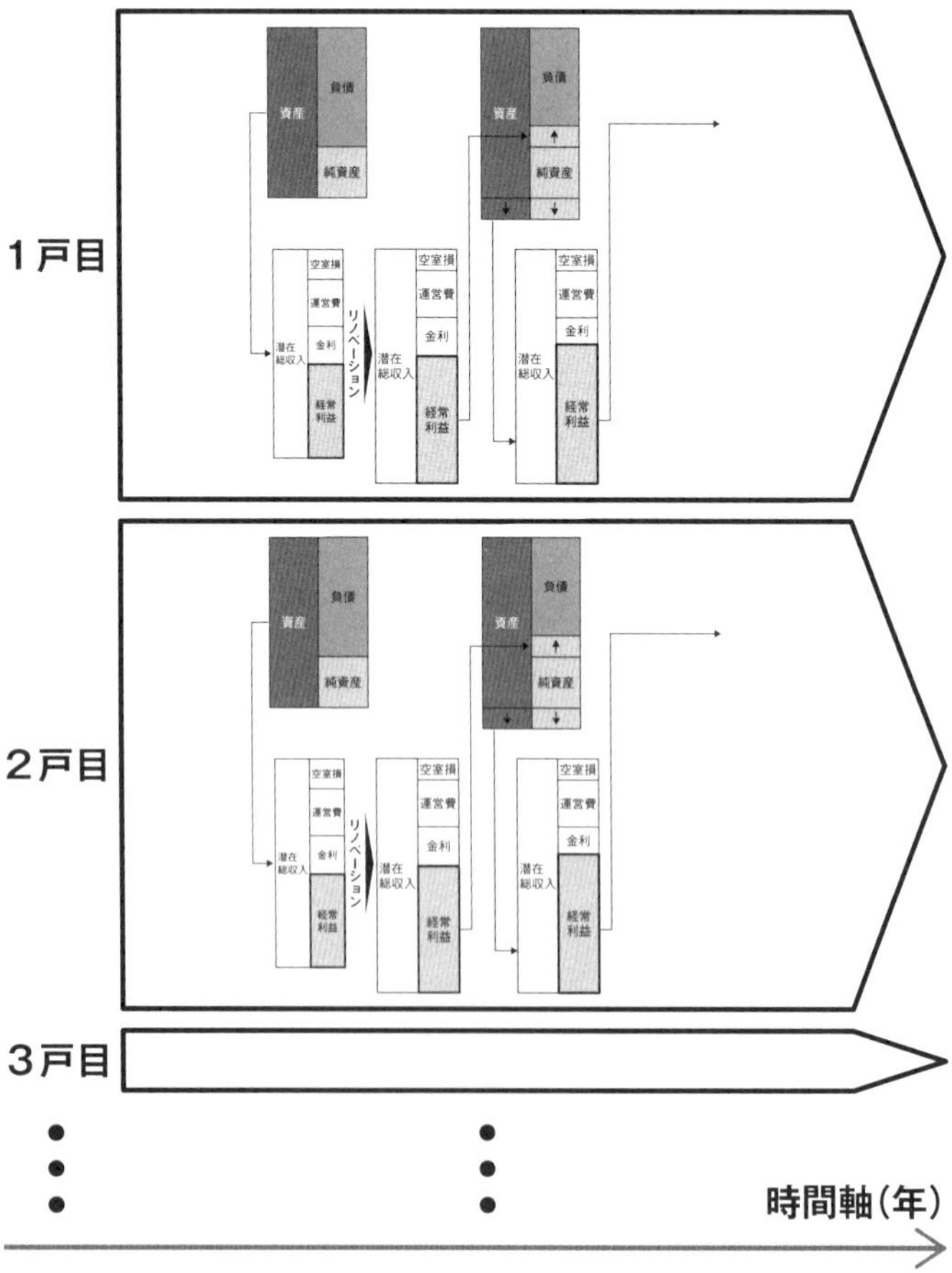

のサイクルはさらに強固なものになります（図表42）。

リノベーションの意義とは

ここまでは主に、リノベーションを通じて家賃がアップする仕組みをクローズアップしてきました。

しかし、家賃アップだけを前提に、リノベーションの可否を判断すべきではありません。

特に築年数が経過すると、家賃下落や水回り、運営費の上昇といったさまざまなリスク、内装や設備のコスト増など、さまざまな課題が増えるため、大幅な家賃アップを見込めなくてもリノベーションする意義は大いにあるのです。

図表43は、東京23区内でリノベーションしたワンルームにおける家賃アップの一例です。

物件によって、家賃アップが3万円になった物件がある反面、もともとリノベーシ

図表43 東京都内でリノベーションした家賃アップの例

番号	路線／駅名	竣工年月／築年数／専有面積	旧相場家賃	リノベ後新家賃	家賃上昇幅	リノベシリーズ
1	丸ノ内線 新宿御苑	1984年7月 築33年 29.45㎡	¥90,000	¥116,000	¥26,000	Brick
2	有楽町線／副都心線 要町	1994年3月 築23年 27.89㎡	¥88,000	¥105,000	¥17,000	Kitchen
3	東急東横線 祐天寺	1988年4月 築29年 27.20㎡	¥73,000	¥10,300	¥30,000	Union
4	三田線 志村坂上	1990年9月 築27年 23.13㎡	¥69,000	¥83,000	¥14,000	Rough
5	千代田線 根津	1983年8月 築34年 25.50㎡	¥78,000	¥90,000	¥12,000	Teida
6	中央線 西荻窪	1988年2月 築29年 21.86㎡	¥75,000	¥83,000	¥8,000	sozai
7	総武線 錦糸町	1987年9月 築30年 22.59㎡	¥75,000	¥85,000	¥10,000	Anti
8	京浜東北線 大森	1992年3月 築25年 23.36㎡	¥71,000	¥92,000	¥21,000	Garage

（2017年現在）

ョン前の家賃が高かったなどの理由で、1万円以下のアップに留まっている事例もあります。

〝攻め〟として想定する家賃アップの幅が小さくても、これまでお伝えしてきた〝守り〟としてのさまざまなメリットも加味し総合的に判断した上で、リノベーションを実施すべきケースは多々あると言えるのです。

POINT

- リノベーションを物件購入に見立てると、その利回りは相当程度高い。
- 物件購入とリノベーションでは、その出資額に対する減価償却の割合が異なる。
- 物件購入とリノベーションの組み合わせは、資産形成サイクルをより強固にする。

02 リノベーションが資産価値に及ぼす影響

かけた費用イコール資産価値の上昇ではない

ここまでは、リノベーションによる家賃のアップという、収益性の向上への影響について見てきました。続いては、リノベーションが資産価値に及ぼす影響を確認していきたいと思います。

「資産価値」という言葉が固いですが、要するに「**リノベーションしたことによって、どのくらい値段が変わるのか**」ということです。

単純な足し算では、元々あった物件に費用をかけてリノベーションをするので、「物件価格＋リノベーション費用」がリノベーション後の価値と言えそうです。しかし、賃貸物件の場合は「収益を生み出す資産」として価値をはかるため、単純に「かけた費用分だけ価値が上がる」という計算の仕方はしません。

つまり、リノベーションが資産価値に及ぼす影響は、単純に工事費用を物件価格に上乗せしたものとは異なり、**「その物件がどれだけの収益を上げられるようになったか」**によって決まってくるのです。

物件の資産価値を数字で表す

収益物件の資産価値をはかる場合は、一般的に**「収益還元法」**と呼ばれる次の計算式を用います。

V（不動産価値　Value）＝I（営業純利益　NOI）÷R（期待利回り　Cap Rate）

この式だけでも色々な解釈はできるのですが、ここでは「ある物件の価値は、その物件が生み出す営業純利益を、投資家が期待する利回りで割り戻したもので決定する」と読みましょう。

たとえば、年間100万円の営業純利益（I）を生み出す物件があるとして、そのエリアの一般的な期待利回り（R）が5％の場合は、不動産価値（V）が2000万円（100万円÷5％＝2000万円）になります。

ここでいう「そのエリアの一般的な期待利回りが5％」とは、次のような意味です。大都市の中心部と過疎化した山間部の村、それぞれの地域で、立地以外の条件がすべて同じ2つの物件があったとします。物件の資産価値を考えた場合、投資家は「大都市で買うなら5％の利回りでも買う。しかし、山間部で買うなら利回り10％以上ないと買わない（10％以上あることを期待する）」という判断をします。山間部の村の物件は、大都市の中心部と比べれば色々とリスクがありそうで、競合する物件が新築される空き地も多そうだからです。

つまり、大都市と山間部では投資家が期待する利回りが異なるため、同じ収益を生

み出していても物件の価値が異なるのです。たとえば、どちらも年間100万円の営業純利益が得られるとした場合、

〈大都市中心部〉

I（営業純利益100万円）÷R（期待利回り5％）＝V（不動産価値2000万円）

〈山間部〉

I（営業純利益100万円）÷R（期待利回り10％）＝V（不動産価値1000万円）

このように、期待利回りの違いが物件の価値に大きな影響を与えるのです。

ここでは単純化するために、期待利回りの違いを「エリア」だけに限定しましたが、実際には物件の「築年数」や「構造」「管理状態」など諸々の条件によって、投資家の期待利回りは上下します。

そして、この式をもう少し発展的に考えると、「**算出された不動産価値以下で買える**

図表44　賃貸住宅1棟(ワンルームタイプ)の期待利回り調査

【期待利回り：東京都】

	城南地区	城東地区
第35回(2016年10月)	4.6%	4.8%
第36回(2017年4月)	4.5%	4.8%
前回差	−0.1ポイント	0.0ポイント

【期待利回り：主な政令指定都市】

	札幌	仙台	横浜	名古屋	京都	大阪	神戸	広島	福岡
第35回(2016年10月)	6.0%	6.0%	5.3%	5.4%	5.7%	5.3%	5.7%	6.2%	5.6%
第36回(2017年4月)	6.0%	5.9%	5.2%	5.4%	5.5%	5.2%	5.6%	6.1%	5.5%
前回差	0.0ポイント	−0.1ポイント	−0.1ポイント	0.0ポイント	−0.2ポイント	−0.1ポイント	−0.1ポイント	−0.1ポイント	−0.1ポイント

出所：一般社団法人日本不動産経済研究所

ならお値打ち」ということが言えます。たとえば、大都市で２０００万円の価値がある物件が１９００万円で売り出されていれば、〝お買い得〟と判断できるわけです。

図表44は、一般社団法人日本不動産経済研究所が２０１７年４月に行った「賃貸住宅１棟（ワンルームタイプ）の期待利回り」について、不動産投資家を対象に調査した結果です。

これによると、やはり全国の主要都市に比べて、東京に対する期待利回りがワンランク低いことがわかります。

ただ、実際に福岡と東京で賃貸経営をしている私個人としては、「もう少し期待利回りに差があるべきでは？」という感想を持ちました。この調査結果は1棟ものの物件が対象であり、私が持っている区分とはまた事情が違うと思いますが、専有面積あたりの家賃の違いや、それに伴う運営費比率の違いを考えると、「東京と福岡の差が1％だけというのは……」という印象です。
私が所有している福岡の物件は過去3年間に2度退去があり、合計で90万円を超える内装費が発生しました。たまたまそういうタイミングでもあるので、イメージ的にそう感じるのかもしれませんが、逆に、市場の期待利回りの差が1％程度であれば、東京の物件にお買い得感を感じてしまいます。

状況によって見える資産価値の動き

期待利回りの説明が少し長くなりましたが、もう一度、収益還元法で不動産価値を算出する式に戻りましょう。

V（不動産価値　Value）＝I（営業純利益　NOI）÷R（期待利回り　Cap Rate）

この計算式によって、一見当たり前とも思えるさまざまな状況が、なぜそうなっているのかを読み取れるようにもなります。参考として、いくつかのケースを挙げておきます。

①景気が良いと不動産価格は上がる

「景気が良くなると不動産価格は上がる」という、当たり前の状況をこの式で考えてみましょう。

景気が良くなると、「物件は今後値上がりするだろう」と期待する投資家が増えるため、これまで東京ワンルームなら期待利回りが5％でなければ買わなかった投資家が、4％でも購入するようになります。なぜなら、将来的に物件を値上がりして売却益を得られるなら、運用中の期待利回りが低くても求めている利益が得られるからです。その結果、収益還元法の分母にある期待利回り（R）の数値が下がり、不動産価値（V）が上がるというわけです。

この説明のスタートラインが「景気が良い＝物件の値上がりに対する期待」ですので、鶏が先か卵が先かといった感もありますが、「物件の値段がいったん上がり出すと

（または下がり出すと）、その勢いは投資家によって加速しやすくなる」と読み取ることもできそうです。

②ファンドがフリーレントを採用する

一般投資家は、賃貸募集時に入居者がなかなか決まらないと、通常は家賃を下げて様子を見ると思います。一方で、投資ファンドなどでは、家賃を一切下げない代わりに、数カ月間の家賃を無料にする「フリーレント」という手法で、積極的に入居者をつけようとします。それはなぜでしょうか？

投資ファンドは、2～3年といった短期の物件売買を繰り返すことで、利ざやを稼ぐのが一般的です。実は、単に家賃を下げて空室を埋めてしまうと、先ほどの計算式の分子にある営業純利益（I）を下げることになり、収益還元法の不動産価値（V）も落ちてしまいます。

これは、高値で売却をしたいファンドにとって、非常に都合の悪いことです。そこで、フリーレントという一時的に収益がまったく入らない状況を作ってでも、見た目上の営業純利益（I）を下げないようにしているのです。

ファンドの取り扱い物件は住居系に限りません。新しいオフィスビルなどが、半年～1年間といった極端なフリーレントをつけて募集されていることがあるのは、こういった事情からでしょう。

③金利が安いと不動産価格が上がる

2017年から徐々に見直しの姿勢は出始めていますが、各金融機関は引続き低金利の融資を積極的に行なっています。融資金利が低いと投資家の期待利回りも下がります。なぜなら、投資家が求める「利回り」とは、単純な物件の利回りではないからです。

投資家にとって重要な利回りとは、物件の利回りから資金の調達金利を差し引いた**「イールドギャップ」**と呼ばれるものです。調達金利が下がれば、その分、イールドギャップである利ザヤを取りやすくなりますので、物件に対する期待利回りは下がります。**「期待利回り（R）が下がると、収益還元法の計算式における分母の数字が小さくなるので、不動産価値（V）が上がる」**という仕組みです。逆に金利が高くなれば、期待利回りは上がって物件の価格は下がる方向へ振れることになります。

リノベーションによる正味価値の向上

では、リノベーションによって物件の価値がどのくらい上がるのかを確認してみましょう。

リノベーションによる不動産価値の向上は、２段階にわたります。

なぜなら、不動産の価値は、営業純利益（Ｉ）を引き上げることと、期待利回り（Ｒ）を引き下げることの両方で高めることができるからです。

Ｖ（不動産価値 Value）＝Ｉ（営業純利益 NOI）÷Ｒ（期待利回り Cap Rate）

リノベーションによって家賃がアップし、営業純利益（Ｉ）を引き上げられることは、これまで見てきたとおりです。さらに、リノベーションすることによって内装や設備が新しく生まれ変わり、将来的な水回りのリスクや家賃下落リスクが軽減されることで、期待利回り（R）も押し下げることになります。

もともとは、築20〜30年のどこにでもあった普通の物件が、表向きからは見えない床下の給排水管まで含めて一新され、室内の内装材はこだわられたものになり、将来の修繕コストまで低く見積もれるのです。これで期待利回りが下がらなければ、おかしな話です。

たとえば、75万円の家賃を見込める物件を1500万円で購入したとしましょう。すると、この投資家は「75万円÷1500万円＝期待利回り5％」の買い物をしたわけです。そして、数年後に入居者が退去したタイミングで400万円のリノベーションを実施し、営業純利益（I）が25万円増加した場合、計算式は次のようになります。

〈投資家の出資額〉

1500万円＋400万円＝1900万円

〈営業純利益が引き上げられた後の不動産価値〉

（75万円＋25万円）（営業純利益　NOI）÷5％（期待利回り　Cap Rate）＝2000万円（不動産価値　Value）

この段階ですでに出資額を100万円超える2000万円の資産価値があると、市場で評価されることになります。

さらに、リノベーションによってリスク度合いが低下するため、市場での期待利回りが下がります。ここでは、物件に対する期待利回りが0・5％下がったとしましょう。

〈投資家の出資額〉

1500万円＋400万円＝1900万円

〈期待利回りが引き下げられた後の不動産価値〉

（75万円＋25万円）（営業純利益　NOI）÷（5％－0・5％）（期待利回り　Cap Rate）≒2222万円（不動産価値　Value）

これらの数値は、期待利回りの低下度合をどの程度で試算するかによっても変わります。実際の市場でその金額で売買されるかは別として、机上ではこのような計算となることを知っておいてください。

リノベーションが資産価値に及ぼす影響は、単純に工事費用を物件価格に上乗せしたものとは異なるのです。

POINT

・収益物件の資産価値は、その物件の収益性とリスク度合いで計る。
・リノベーションは、物件の収益性とリスク度合い両面に影響を与える。
・リノベーションは、その工事費用を上回る価値を物件にもたらす。

03 ■ まとめ

最後に、リノベーションの費用対効果をまとめてみましょう。

- 賃貸入替時の空室期間を短縮させ空室率を低減
- 運営費を変化させることなく家賃を上昇させる効率性
- 費用全額が減価償却などの経費対象となる税務面の強み
- 交換を前提としない内装材による将来的な修繕費抑制
- 純収益向上、期待利回り低下から生じる正味価値向上

いかがでしょうか。リノベーションすることで、その費用以上にさまざまなメリットが生まれ、物件そのものの資産価値も向上します。

「現状維持」という〝待ち〟の賃貸経営では、徐々に収益性が下がり、資産価値も低下していきます。

「リノベーション」という〝守り〟〝攻め〟の両面を持ったツールを使い、収益性と資産価値を上げて、将来的なリスクにも十分に対応できるよう、積極的に行動することをおすすめします。

Chapter

6

REISMのリノベーション

ここまでの章で、本書で最もお伝えしたかった「東京ワンルームマンションこそ、リノベーションを検討するべき」という内容のほぼすべてをお伝えさせていただきました。

ここからは、私たちがこれまで12年間、450戸で培った施工へのこだわりや施工後のメンテナンスなどのノウハウや大切にしていることを解説します。

01 ■ REISMとは？

リノベーションで新しい命を吹き込む

当社が運営するリノベーションブランド「ＲＥＩＳＭ」は、「ＲＥ：ＩＳＭ＝再生主義」から名づけたものです。「不動産という資産を通じて、人生を豊かにしたい」という理念のもとに、２００６年からブランドを立ち上げ、現在に至ります。

ＲＥＩＳＭとは、古くなった中古物件をリノベーションすることで魅力を高め、これまでになかったまったく新しい価値や価値観を、入居者とオーナーそれぞれに提供するとともに、不動産だけにとどまらない、都会での暮らしをワクワク豊かにするライフスタイルブランドです。

ＲＥＩＳＭでは、東京23区のワンルーム区分マンションをリノベーションし、その実績は４５０戸を超えています。

物件は、新耐震基準後に建設された良好な管理状況にあるワンルームだけに絞り、入居者に高い品質を約束するブランドを構築しています。

ＲＥＩＳＭはこれからも「住んでよかった！」と思っていただける物件を目指して、リノベーションがもたらすライフスタイルを引き続き探求していきます。

02

■REISMの部屋づくり

デザインよりもライフスタイルを

REISMではリノベーションを、「**自分らしいライフスタイルのベースづくり**」と考えています。それは単に、居心地のいい空間を入居者に提供するだけではありません。その空間で新たな自分に出会い、忙しい日常においても趣味や好きなことなど、自分の活力になる時間を大切にできる部屋づくりを目指しています。

たとえば、仕事から帰宅して寝るまでの間に、写真やアート、料理など、自分の好きな趣味に没頭できる時間は貴重です。しかし、実際にそのようなライフスタイルを輝かせてくれる部屋に住めているかというと、賃貸マンションに住んでいる人の大半は「あきらめている」のが現実なのです。

ここまでの章でも何度かお伝えしていますが、新築にありがちなシンプルで画一的な内装は、多くの入居者を受け入れようと設計された、ある意味「最大公約数」的なものです。残念ながら、そのような部屋では、自分らしさを満たせる個性的な空間にすることがなかなか難しいものです。

リノベーションにおいて重要なのは、**「充実したライフスタイルを過ごせる空間を、いかに入居者へ提供できるか？」**という点なのです。

そして、入居者のライフスタイルを叶えるために、あらゆるサポートを行うことこそが、ＲＥＩＳＭの役目と考えています。

REISMが提案するライフスタイル

では、実際に、ＲＥＩＳＭによって、どのようなリノベーションが行われているかを見ていきましょう。

ＲＥＩＳＭでは、スケルトンリノベーションならではの、一から造り上げられるメリットを最大限に活かし、それぞれの部屋全体をテーマと統一感のある空間に仕上げ、個性的なライフスタイルを提案しています。

たとえば、壁一面の本棚が特徴的な「Hondana」シリーズはずばり、読書家向けに特化した部屋です。

読書が好きな方にとって、溢れがちになる大量の本をこれでもかというぐらい収納し、いつでも手に取って読めることは、何ものにも代えられない喜びです。

また、本棚としての機能だけでなく、ダイニングテーブルやＴＶ台、収納にも使え、自分のライフスタイルを思う存分「魅せる」ことができる空間と言えます。

また、「iCafe」は、お気に入りのカフェのような居心地の良さを自宅で味わえるシリーズです。

温かみのある手触りで、住めば住むほど味わいを感じられる足場板のカウンターとフローリング、大きめのペンダントライトなど、カフェが持つリラックスした雰囲気が特徴的です。ここにゲストを招いて、美味しいコーヒーを一緒に飲みたくなるよう

Hondana

iCafe

Kitchen

な空間を作り上げています。

「Kitchen」もその名前のとおり、料理好きな人のためのシリーズです。「一人暮らしでも、思いきり料理を楽しみたい」、そんな願いを叶えられるよう、機能と素材にこだわった「キッチン中心」の大胆なレイアウトを採用しています。

料理はもちろん、友達との会話も楽しめ、料理を通じて、ライフスタイルの幅を広げてくれる空間になっています。

チャプター4では、リノベーションで大切にしていただきたいことの1つとして、「**室内の内装に使う建材や素材にこだわる**」ということを強調しました。

それは、REISMの部屋づくりにおいても、一貫したポリシーとなっています。

無垢材のフローリングはもちろん、レンガ材や畳など、素材感が強く、手触り感を味わえるもの、愛着の湧きやすいものを選んで、随所に使用しています。また、これらの素材は、年月が経つことで味わいが増し、より一層魅力が深まっていく特性も持ち合わせています。

ターゲットはしっかり想定する

ライフスタイルを提案する以上、ターゲットはしっかりと想定する必要があります。REISMブランド全体として大まかなターゲット層としているのは、次のような顧客です。

- ある程度の年収がある、30歳前後の単身者
- 自分なりのこだわり、価値観を持っている
- 流行に左右されず、美意識が高い
- 良いものをメンテナンスしながら長く使う
- 将来のために貯金もしっかりしている

個別の物件においてリノベーションプランを検討する際には、このようなブランドターゲット像を踏まえて、実際にどういった方が住むのかを想定し、その方がどうい

うスタイルで住まいを楽しんでもらえるかを、入居者目線を意識しながら選定しています。

たとえば、エリアはもちろんのこと、駅周辺の街並みや物件までの距離や動線（昼夜）などの要素によって、男女どちらに好まれるかが変わってきます。また、建物の管理状態や外観、オートロックの有無なども、シリーズの選定に影響を与える要素です。

ＲＥＩＳＭのルームデザインは、それぞれの物件が持つ特性を見極め、複数のカテゴリーに分けた全30シリーズの中から、物件に適したシリーズや仕様（テイスト）を選んでいます。

作り込み過ぎない

ＲＥＩＳＭでは、デザインありきではなく、ターゲットをしっかり想定した上で、そのライフスタイルに合った部屋作りを提案しています。

一方で、部屋を作り込み過ぎないことにも配慮しています。必要以上にライフスタイルにフォーカスしようと趣向を凝らした結果、住む人自らの個性を活かす余地のない空間になってしまうからです。

入居者がそれぞれの個性を発揮し、その感性がより刺激されるような住空間にするためには、バランスが重要です。

つまり、リノベーションによるデザインの作り込みは7割程度にとどめておき、「**入居した後に、残り3割を入居者個人が作り上げる**」といったイメージです。

新築のような無個性化を避けようと、ライフスタイルを押しつけるような作り込みには、十分に注意しています。

たとえば、収納を設ける場合、扉をつけない「オープンクローゼット」を採用したりします。扉がないことでアレンジがしやすく、「飾る収納」として個性を出せる余地を残します。照明も備えつけで完結させるのではなく、入居者の好きな照明を追加できる余白を残したりします。

使い勝手を優先するレイアウト

このように、使い方を押しつけないためには、入居者自身が自由にレイアウトできるデザインの柔軟性が求められます。その一方で、キッチン回りは収納を多めに設けたり、女性向けなら鏡台を設置するなど、作り込み過ぎないこととのバランスをとりつつ、使い勝手が良くなる工夫もしています。

私たちは、入居後の方へ住み心地のヒアリングをさせていただく機会も多く、その際、お部屋へ入らせていただくこともあります。ライフスタイルにこだわる入居者はセンスも良く、こちらの想定以上に部屋をうまく使っていただいているケースが多いものです。

たとえば、デザインの段階で、入居者がアレンジしやすいようキッチン下部に引き出しやキャビネットを設けず、空間をあえてそのままオープンに残すことがあります。

私たちとしては、好みに合う収納箱などを置いていただく想定でしたが、ある入居者は、そのスペースをお気に入りの小物や雑貨をディスプレイする「自分だけの癒しのスペース」として活用していたのです。対面式のキッチンで反対側からもよく見えるため、「居室側から寝転んだときに幸せを感じたい」とのことでした。

このように、こちらで想定した以上の活用法をお聞きすると、みなさんが部屋を目一杯楽しんでいただいていることがよくわかり、とてもうれしくなります。

03 ■ メンテナンス

天然素材の味わいを醸成する

繰り返しとなりますが、ＲＥＩＳＭのリノベーションは、「素材感」を強く感じられる素材を多く使用し、長く住めば住むほど味わいが出る空間作りを行なっています。

たとえば、無垢材のフローリングは、一枚一枚に木目や色、透明感などの違いがあり、外から入る光の反射をやわらげる働きもあります。これは、プリント合板の一般的なフローリングには真似のできない、天然素材ならではの味と言えます。

そして、こういった素材は、年月が経つことでより一層の味わいを醸し出してくれます。

ただし、何もせずに放っておけば良くなるわけではありません。本革のレザー商品と同じように適度なメンテナンスを施すことで、その魅力を増していってくれるのです。

たとえば、無垢材ウッドフローリングは合板と異なり、傷や凹みなどが〝味〟として評価されます。しかし、そのような経年による味わいをより魅力的なものにするためには、年に1回程度はワックスがけをすることが大切です。

REISMのフローリングで推奨しているのは、小川耕太郎∞百合子社の「未晒し蜜ロウワックス」（写真）という製品で、国産ミツバチの養蜂場で生成された蜜ロウと、エゴマ油で作られたワックスです。やわらかな蜜ロウが床の表面に膜を作るため、木ならではの働きをそのまま活かしつつ表面を保護します。また、木の内部にエゴマ油が浸透することで木目の色が深くなり、経年とともに木により一層表情が出てきます。

メンテナンスという「入居者啓蒙」

ＲＥＩＳＭでは、入居者向けに『ＴＯＲＩＳＥＴＳＵ（トリセツ）』という、床材や壁面、キッチン回りなどのメンテナンスブックを作り、入居者自身によるセルフメンテナンスを啓蒙しています。

ＲＥＩＳＭの部屋はライフスタイルにこだわり、生活空間を大切にする入居者が多いため、元々部屋を丁寧に扱っていただける傾向があります。さらに、自らお手入れをしていただくことで、より思い入れを持って大切に使っていただけるようになります。

そして、思い入れを持って大切に使っていただけることは、入居者自身の部屋に対する愛着を育てることになり、長期入居へもつながってくるのです。

また、リノベーション物件の入居者退去後の原状回復は、通常の物件とはチェックが異なり、傷や劣化を「原状回復」すべきか、「味」として残すかの判断が必要になります。

たとえば、窓際のフローリング部分は紫外線、いわゆる日焼けによって変色するケースがありますが、これはあくまで〝劣化〟であり、〝味〟とは言えません。

そういった観点から、退去時の状況確認については、内装の担当者だけでなく、リノベーション担当者も必ず現地確認に同行します。その上で、破損や劣化の「原状回復」費用を入居者が負担するのか、オーナーが負担するのか、あるいは〝味〟として残すのかを、部位ごとに適切な判断をするよう努めています。

04

「入居したい方」作りとは

入居希望者を育成する仕組み作り

ここまでは、ＲＥＩＳＭの物件づくりとそのメンテナンスについてお伝えしてきました。

続いては、実際に賃貸をつける際の、ＲＥＩＳＭならではの工夫をご紹介したいと思います。

ＲＥＩＳＭでは、一般的な不動産賃貸サイトとは異なった視点で入居希望者を集めています。たとえば、専用ウェブサイトで入居待ちを募る「ウェイティング」システムなどが、その代表的なものです。

REISM 賃貸物件一覧
http://www.re-ism.jp/search/

通常の不動産賃貸サイトでは、概要を閲覧することができるのは空き物件のみであり、現在入居中の物件が、どのような間取りやデザインなのかを知ることはできません。

REISMでは、「即入居可」「△月リリース予定」「入居中・ウェイティング可」など、現時点で入居中かどうかを問わず、すべての物件情報を室内の画像とともに閲覧できます。もし、その中で気に入った物件が現在「入居中」であれば、ウェイティングフォームにメールアドレスなどの簡単な情報を登録することで、物件に空きが出たときに、いち早く情報を得ることができるようにしています。

「ウェイティング」という潜在顧客

空間づくりにこだわることで差別化を図っているREISMの賃貸物件が、さらに盤石に賃貸をつけるための仕組みが、この「ウェイティング」というシステムです。

この後の項でも具体的に説明しますが、ＲＥＩＳＭではオンラインとオフラインの両方で、リノベーションやライフスタイルについての情報を発信し続けています。その情報は、「数カ月以内に引っ越す」といった方たちだけでなく、「お洒落な部屋に住んでみたい」と考えている潜在的な顧客層もターゲットにしています。


たとえば、実際にＲＥＩＳＭのリノベーション物件に住んでいる方へのインタビュー記事を、部屋の写真と併せて定期的に紹介したり、リノベーション物件に合う家具をセレクトして、ライフスタイルの提案と併せて情報を配信することもしています。興味を持っていただいた方々がＲＥＩＳＭの公式ホームページを訪問し、気に入った結果のアクションとして、ウェイティング登録をしていただく動線を用意しているのです。

図表45のグラフは、直近1年間の各物件のウェイティング数を集計したものです。

これを見ると、一番人気である「Kitchen 016 西落合」の30件に続き、10件以上のウェイティングを持つ物件がいくつもあります。物件のオーナーにとってみれば、現

図表45 各物件のウェイティングリスト(直近1年間)

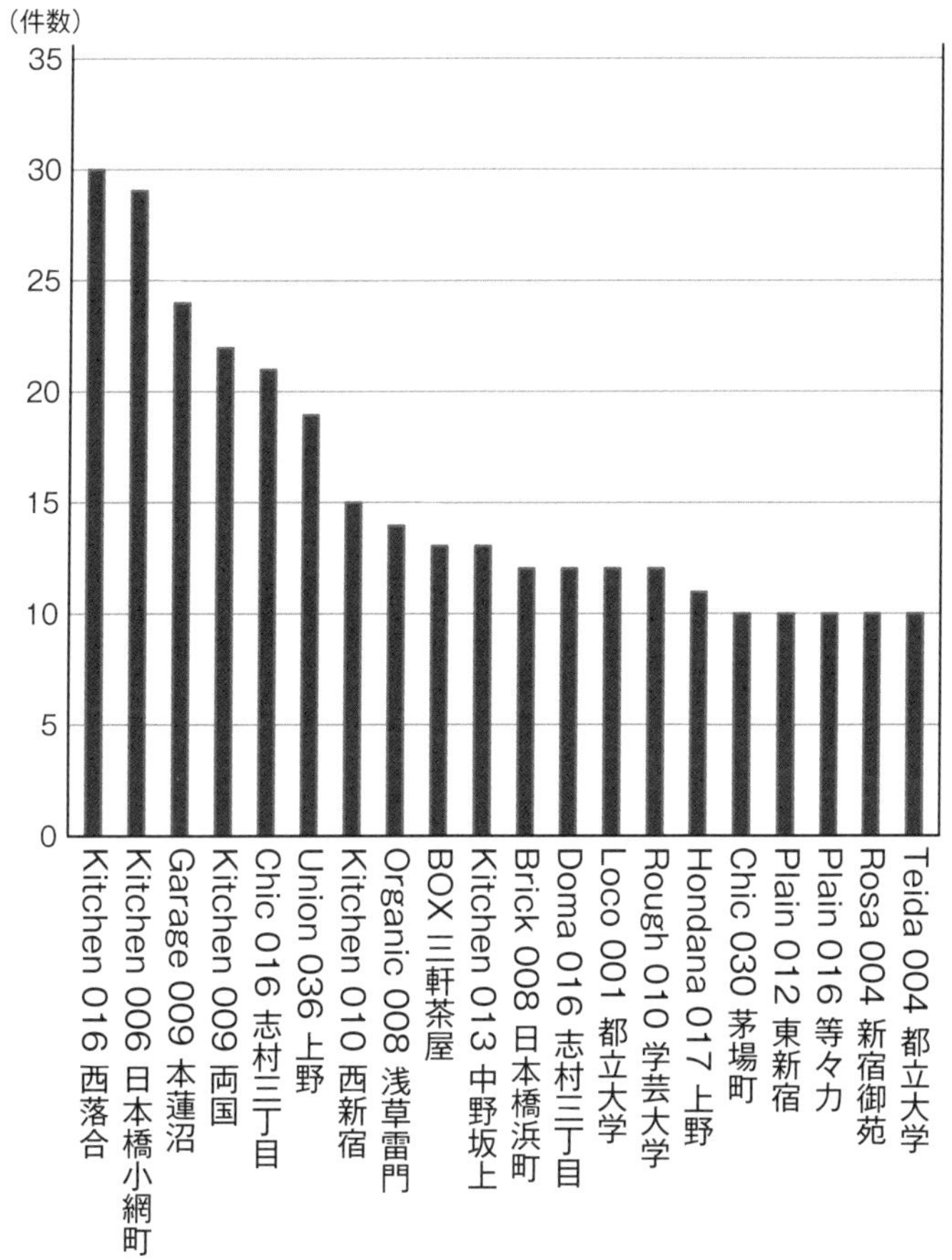

図表46 ウェイティング登録数の推移

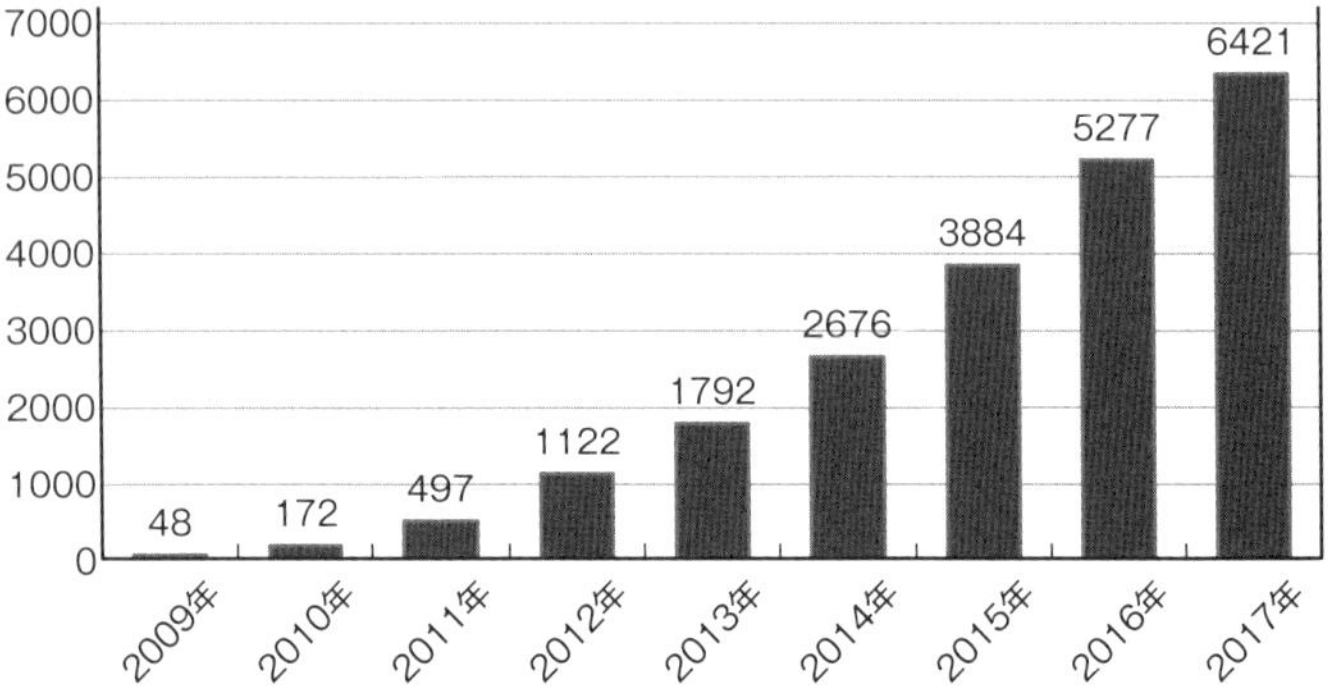

在の入居者が退去したとしても、「空きを待っている潜在入居者がこれだけいる」という事実があれば、とても安心した運用を行えることでしょう。

また、全体のウェイティング登録数は６４２１件と、年々大幅に増加しています（図表46）。さらに、この６０００件を超えるウェイティングの方々は、リノベーションそのものにも関心が高いため、定期的な情報発信によって、他のリノベーション物件にも興味を持っていただくことができます。

つまり、ＲＥＩＳＭでリノベーションを施し、専用の賃貸サイトに物件を掲載するということは、リノベーションに関心の高い６０００件を超える潜在顧客を一挙に手に入れることになるのです。チャプター5でも少し紹介しましたが、REISMのリノベーション物件の賃貸入替期間が60日から30日に短縮されたり、退去前に次の方の申し込みが入るケースが多いのは、こういった仕組みによるところも大きいのです。

REISMでは、**市場で希少性の高い差別化された「空間作り」と、リノベーションに興味のある方を囲い込む賃貸付けの「仕組み作り」**、この両方で安定した資産運用をお手伝いさせていただいているのです。

ライフスタイルを広く発信する

「ウェイティング」という仕組み作りの中で、具体的にどのような情報発信や取り組みを行っているかを、いくつかご紹介しましょう。

オンライン上では、公式ホームページやウェブマガジン『REISM STYLE』(http://www.re-ism.jp/reismstyle/)を通して、住む人に楽しさと快適さのあるスタイル提案を中心としてさまざまな情報発信を行なっています。

オフラインのステージでは、ＲＥＩＳＭを知っていただくための場として、モノづくりや学びの場となるワークショップやＲＥＩＳＭの部屋を使っていただいている入居者との懇親会を定期的に開催しています。これらのイベントは「自分らしい暮らし」を楽しむヒントを見つけられる機会でもあり、回を重ねて多くの方に参加していただいています。

REISMワークショップ
http://www.re-ism.jp/workshop/

ワークショップのプラグラムは、レザークラフト（革工芸）やスワッグ（壁飾り）作り、観葉植物のテラリウム（ガラス瓶の箱庭）など多岐にわたります。モノづくりに興味のある方はもちろん、入居者やその友人などにも参加していただくことで、幅広い層をターゲットにしたコミュニティ作りを目指しています。

モノづくりが好きな方はライフスタイルにもこだわる傾向があり、ワークショップを通じて、ＲＥＩＳＭが提案するライフスタイルをより理解していただき、ＲＥＩＳ

Ｍ会員になっていただくきっかけとなるのです。

入居者懇親会は、ＲＥＩＳＭの部屋を使っていただいている入居者から住み心地のリアルな声をお聞きしたり、感謝の気持ちをお伝えする貴重な場となっています。当社が経営するカフェ「REISM STAND（リズムスタンド）」に集まり、美味しい料理やお酒を楽しみながら、入居者同士がカジュアルに交流できる場にしていただいています。

ワークショップと同様、入居者の友人なども気軽に参加できるため、将来的にＲＥＩＳＭの部屋に住んでいただけるお客様を得ることにもつながります。

懇親会では、貴重な意見や要望などが得られるとともに、「部屋を気に入りすぎて、自分のこれまでの家具は置きたくない」「気に入る家具が見つかるまで、何も置かない」といったありがたいコメントもいただいています。

このようにＲＥＩＳＭでは、「継続的な情報の発信」や「コミュニケーション機会の提供」をすることで、ＲＥＩＳＭを広く知っていただく取り組みを行っています。

実際に内覧したお客様の声

続いては、REISMのリノベーション物件に興味を持ち、実際に内覧していただいたお客様の事例をいくつかご紹介しましょう。

これらのコメントは、私たちのリーシング（賃貸付け）部署でお部屋のご案内をした担当者による、お客様の様子や申し込みまでの経緯をまとめたものです。これらの情報は社内で共有され、将来の商品づくりにも活かされています。

①20代女性　インストラクター　「Brick」シリーズ

今の部屋は、探す時間をあまり取れず、入居後に不満が募り、引っ越しを検討されていました。「次はリノベーション物件に住みたい」と複数物件のウェイティング登録をされていて、「Brick」シリーズの部屋の雰囲気を気に入り、内覧予約。レンガの雰囲気が想像以上とのことで気に入っていただき、お申し込みに至りました。

②30代女性　会社員（メーカー）「Kitchen」シリーズ

博多から東京へ転勤。1年前から転勤の話があったため、リズムのホームページを定期的にチェックされていました。特に「Kitchenシリーズが良い」と思っていたところ、転勤が決まり、内覧予約。キッチンの大きさや内装の雰囲気など、想像以上に良いと気に入っていただきました。

③30代男性　自営業（映像制作）「Teida」シリーズ

現在の部屋が契約更新したばかりで、あまり引っ越す気はなかったが、「いつかはリノベーション物件に」ということで、数部屋のウェイティング登録をしていただいていました。たまたま、すぐ近所の物件が募集開始になったことで内覧を予約。次に住む部屋は、たっぷりの収納とキッチン作業スペースが十分にあることが条件でしたが、どちらも満たしていて、無垢の床材の色合いも非常に気に入っていただき、お申し込みに至りました。

④30代女性　会社員（情報通信関連）「Plain」シリーズ

以前、ＲＥＩＳＭ物件に住んでいた方です。住み心地や管理が良かったので、またＲＥＩＳＭに住みたいと思って物件を探し、内覧を予約。場所とお部屋の雰囲気、クローゼットを気に入っていただきお申し込み。これからどうお部屋を作っていこうか楽しみにされていました。

⑤20代男性　会社員（アパレル）「Union」シリーズ

以前から、リズムの物件をホームページで見ていた様子。気になった物件が勤め先に近く、内装も気に入ったため、内覧を予約。オープンクローゼットの収納力やコンセントの数も多く、使い勝手が良いと気に入っていただきました。入居希望が２カ月先でしたが、「人気のある物件なので」とお伝えしたところ、その場で申込書をご記入いただきました。

05 まとめ

最後に、REISMのリノベーションについて、もう一度まとめてみましょう。

・デザインよりもライフスタイルを提案
・細かい部分まで作り込み過ぎず、入居者個人が作り上げる余地を残す
・ブランドターゲットはしっかり想定し、入居者目線でシリーズを選定
・天然素材のメンテナンスを通じて、「入居者啓蒙」を行う
・ウェイティングのシステム作りで、潜在的な顧客を取り込む
・ウェブサイトで、REISMのライフスタイルを広く発信する
・ワークショップや懇親会を通じて、REISMの良さをより深めていただく

REISMは、「作る」「募集する」「管理する」をすべて自社で行うことで、リノベーションから入居まで、入居者とオーナーそれぞれをトータルサポートしています。これまで450戸を超えるリノベーション実績を持ち、30シリーズに展開した部屋を、REISMのウェブサイトでいつでも閲覧することができます。また、6421件のウェイティング登録を持つことで、安定した賃貸付けを実現しています。

これまで中古物件は、新築に劣るとされ、「新築を借りられないから中古」というイメージがありました。しかし、REISMはリノベーションによって、新築にはない中古物件の魅力を最大限に引き出し、賃貸物件の価値観を変えようとしています。「リノベーション物件だから借りたい」「リノベーションして価値を上げたい」と多くの方が考え、満足していただくことが社会的にも大きな意義を持つと私たちは考えています。

REISMはこれからも、不動産だけにとどまらず、都会での暮らしをワクワク豊かにするライフスタイルブランドを目指し、リノベーションを軸に幅広く展開していきます。

Chapter

7

リノベーション実践編+Q&A

本書もいよいよ最終章になりました。Chapter7 では、実際にリノベーションする際のスケジュールや資金調達といった具体的な実践方法を簡単にまとめています。また、比較的よくいただく質問をQ&A形式でいくつか掲載しています。Chapter6と併せて参考にしていただけるとうれしく思います。

01 ■ 所有物件のリノベーションフロー

「アトカラREISM」のリノベーション

まずは、リノベーションにおける実際の流れについて簡単に説明します。

当社では、オーナーが所有している物件にリノベーションを施すサービスを「アトカラREISM」と呼んでいます。ここでは、提携金融機関による借り換えローンを使って、所有物件をリノベーションするケースを想定しています。

現金決済の場合は、この流れからローンに関する内容を除いたものとなります。

アトカラＲＥＩＳＭにおける、リノベーションの流れは図表47のとおりです。

図表47 アトカラREISMにおけるリノベーションの流れ

①リノベーション申込 → ②ローン事前審査 → ③シリーズプラン確定 → ④着工 → ⑤ローン契約 → ⑥完工 → ⑦賃借人入居

①リノベーション申込

個人投資家の賃貸経営にとって、リノベーションは1つの経営判断になります。本書でリノベーションの重要性を十分に理解していただいたとしても、実際の申し込みに至るまでには、さまざまな不安要素があるかもしれません。REISMでは、そういった不安や疑問をクリアにすべく、リノベーション専門のスタッフがさまざまな面からオーナーをフォローしています。

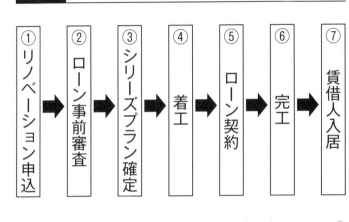

②ローン事前審査／⑤ローン契約

REISMでは、所有物件で現在組んでいるローンを、事前審査の上、他の銀行に借り換える「**借り換えREISM**」というプランを用意しています。

次の項で詳しく説明しますが、リノベーション費用も含めて借り換えられることに加え、支払い年数を最大35年に延ばせるなど、借り換えＲＥＩＳＭには多くのメリットがあります。

③シリーズプラン選定

リノベーションにあたっては、東京23区に絞った４５０戸を超えるリノベーション実績のデータを分析し、物件のエリアや建物の雰囲気、専有部分形状、想定される入居者層などを総合的に考慮してプランニングします。その上で、ＲＥＩＳＭブランドの30シリーズのうち、その物件におすすめできるシリーズと予算のプランを数パターン提示し、オーナーはその中から、気に入ったリノベーションシリーズを選んでいただくことができます。

ワンルームタイプでは、リノベーション費用に極端なばらつきはないものの、物件の広さやシリーズによって予算は変わってきます。

④着工／⑥完工

基本的な工期は、現地調査を開始してからプラン決定～着工まで約2週間、着工から完成内覧まで約2カ月間を要し、合わせて2カ月半が目安になります。

入居者の退去後、現地確認や管理組合の承認を経て着工となりますが、実際に着工してからプラン変更の必要性が判明するといった工期が延長するリスクも考慮しておく必要があります。

施工へはこだわりを持って取り組みます。リノベーション部署による現地チェックは全部で4回（退去後、スケルトン後、床張り後、竣工後）行い、慎重に施工を進めます。通常の内装工事は、退去後と竣工後のみのチェックが一般的ですが、当社が施工中にも2回現地を確認するのは次のような目的があるからです。

・スケルトン後の確認　↓　水回り給排水管動線の最終確認、構造部分の点検補修

・床張り後の確認　↓　壁面の塗装仕上げの詳細を最終決定（実際に床材を張った後に、その色合いや光の当たり具合も踏まえて決定するため）

完工後は、適合リノベーション住宅である「R1住宅」（143ページ）の認定を得て、重要インフラ部分に2年間の保証がつき、安心して賃貸経営ができるようになります。

⑦賃借人入居

リノベーションが完工すれば、いよいよ入居者を決めます。REISMでは、自社ウェブサイトによるウェイティング登録システムに加えて、取引のあるリノベーション専門の賃貸業者をフルに活用し、安定した賃貸付けを実現しています。また、賃貸管理においても低料金で質の高いサポート体制を提供しています。

REISMの賃貸管理

REISMの賃貸管理について、もう少し詳しく紹介しましょう。

当社の賃貸管理では、物件の家賃査定から賃貸募集、家賃の集金や督促、そしてクレーム対応や退去時の立会いまで、すべてをパッケージ化しています。

一般的な賃貸管理では、家賃の5%前後が管理委託料の相場になりますが、REISMのリノベーション物件では、毎月2000円（税別）の定額制を実現しています（別途、口座振替手数料の200円〈税別〉が必要です）。

特徴的なのは、「定額制」であるため、家賃が上がってもこの委託料は一切変わらない、という点です。これまでも、リノベーションの費用対効果の大きな特徴として、**「家賃収入のアップが運営費の上昇を伴わない」**点を強調してきました。当然、REISMの賃貸管理も、家賃を引き上げていただくのに相性の良い定額制としています。手数料を含めても、月額2200円（税別）の管理委託手数料は低額であり、さらに家賃を引き上げることによって、運営費比率も下がります。その結果として、より一層、収益性の高い賃貸経営を行うことができるのです。

以前は、REISMの管理委託手数料も家賃の5%だったのですが、リノベーションしていない東京ワンルームも含め、総管理戸数が1700戸を超えたスケールメリットや業務効率化により、この定額制を実現できています。

02

借り換えリノベーション

借り換えリノベーションとは

リノベーションを実行に移す段階で、資金調達をどうするかは気になるところではないでしょうか。

ＲＥＩＳＭのリノベーションでは、「現金」「新規ローン」「借り換え」、いずれかの方法で資金調達が行われており、これまでの実績では、「現金」と「借り換え」の比率がおおよそ半々ぐらいになっています。また、一部の専業大家さんに近いような方々は、日本政策金融公庫などから４００万円ほどの費用を10年や15年といった期間で、「事業用ローン」として調達しているのが一般的です。

この項では、「借り換え」について詳しく説明したいと思います。

借り換えローンでは、投資用物件を購入するのと同じレベルの審査はあるものの、現在支払っているローンの残額にリノベーション費用を上乗せして、有利な融資条件で借り換えることが可能になります。

このリノベーション費用を含めた借り換えは、現在の不動産投資市場の中で、REISMだけが独自に提供しているサービスです。数社の提携金融機関を介してこのサービスを提供していますが、いずれも年利2%前後の金利で、最長30〜35年の期間への借り換えが可能となります。

このような有利な条件で借り換えが可能になる理由は、REISMのリノベーションを、金融機関が高く評価している表れとも言えます。つまり、見た目だけの単なる「お化粧」レベルではなく、「**物件の資産価値を引き上げるリノベーションをしている**」という評価がなされているのです。

借り換えローンのシミュレーション

ローンの借り換えにあたっては、抵当権変更に伴う登記費用やローンの事務手数料などを含め、約35万円の諸費用が必要になります。現金の場合はこういった費用は発生しませんが、借り換えを活用すると資金効率は高まります。また、どちらの資金調達法でも施工費用は減価償却等の対象になり、借り換えの場合は金利負担が発生しますが、その金利は経費として計上できます。そういった諸々の観点を踏まえて、資金調達方法は総合的に判断するのが良いでしょう。

ただし、退去時の原状回復で20~30万円の費用をかけ、単なるリフォームレベルで済ませるのであれば、その資金を活用してリノベーションを検討するべきでしょう。将来的なトータルリターンはずっと良くなるはずです。

次に、ローンを借り換えた場合の収支例として、実際にアトカラREISMを行った場合のシミュレーションをしてみましょう。

物件購入の４年後に借り換えローンを使い、４００万円の費用でリノベーションしたケースです。リノベーション前の状況は、次のように想定しています。

- ローン総額　１５７０万円（借り換え時点の残額）
- 借入金利　２・２％
- 借入残期間　26年（借入期間30年－４年経過）
- ローン返済（月額）　５万９６１３円
- 手取家賃（月額）　６万８４４４円
- 月額収支（ＣＦ）　８８３１円

これを、購入から４年後のタイミングで借り換えローンに組み直すと、収支は次のようになります。傍点部分が注目すべきポイントです。

- 借換えローン額　１９７０万円（リノベーション費用４００万円を含む）
- 借入金利　１・９％

図表48 購入4年後に借換えリノベーション(400万)を実施した結果

Before

購入時期	2013年3月
ローン額	1,570万円
借入金利	2.2%
借入残期間	26年
ローン返済額	−59,613円
手取家賃	68,444円
月額収支(CF)	8,831円

➡

After

借換え時期	2017年1月
借換えローン額	1,970万円
借入金利	1.9%
借入残期間	35年
ローン返済額	−64,252円
手取家賃	88,444円
月額収支(CF)	24,192円

・借入期間　35年、
・ローン返済（月額）　6万4252円
・手取家賃（月額）　8万8444円
・月額収支（CF）　2万4192円

いかがでしょうか。借り換え費用約35万円の自己資金で、月額1万5000円以上、年間約18万円のキャッシュフローが増加したことになります。

借り換えではリノベーション費用の400万円を上乗せしていますが、金利が下がりローン期間を延ばせたことで、月々の支払い増加分は4639円のみです。その一方で、2万円の家賃アップがあるため、トータルでは月額1万5000円以上のキャッシシュフローが増加したことになります。

退去後に原状回復するといった「現状維持」のレベルでは、空室率や運営費の増加などによって、キャッシュフローは年々減っていきます。それに対し、借り換えローンでは、リノベーション資金を確保して物件のキャッシュフローを改善するとともに、将来の経年劣化リスクも大幅に低下させることができます。

この借り換えローンは、「アトカラＲＥＩＳＭ」のリノベーションと相性のいいタッグです。手持ちの資金を温存し、物件の〝稼ぐ力〟を鍛え上げる資金調達方法の１つとして、積極的に活用していただきたいものです。

03 Q&A

最後に、これまでのリノベーションやセミナーなどで特に多かった質問を、Q&A形式で回答しています。こちらも参考にしてみてください。

Q1 「アトカラREISM」リノベーションの基準はありますか？

A1　物件のエリアについては、これまでの章で度々述べていますが、REISMのブランド展開で対象にしているのは、**「東京23区内」**と**「吉祥寺エリア」**です。築年数では、入居者の安心安全を確保するために、東京23区や吉祥寺エリアでも、耐震基準が新しくなった**「昭和58年6月以降」**に完成した物件のみを扱っています。ただし、それ以前のいわゆる「旧耐震」物件でも、耐震性の診断をクリアしたものであれば対象としています。

リノベーションにあたっては、その他にも、立地や間取りなど、さまざまな要素を考慮するため、一概に「これならOK」という明確な基準はありません。

もし、現在、リノベーションを前提に物件購入を検討している方がいれば、ぜひ物件を購入する前に当社へご相談ください。

Q2 リノベーション物件を購入することはできますか?

A2 販売中の物件があれば、購入することが可能です。当社は、オーナーの物件をリノベーションする「アトカラREISM」の他に、独自に物件を仕入れてREISM仕様にリノベーションし、販売することも行なっています。この場合、デザインのシリーズはあらかじめ決められたものになります。
シリーズの選択はできませんが、「REISM物件購入」は、リノベーション完成後の引渡しになるため、購入者には工事期間中の空室リスクや工期延長リスクがない点はメリットと言えます。

Q3　ウェブサイトで、リノベーション事例の実績を確認することはできますか？

A3　REISMの公式ウェブサイトでは、450戸以上の物件を「エリアごと」に、「どのくらいの広さ」の物件が「いくらの賃料」で稼働中かを、リアルタイムで確認できます。

現在、すでにお持ちの物件や、これから購入しようとしている物件をリノベーションした場合にどのくらいの家賃を想定できるかを、これらのデータによって掴めると思います。

ただし、似たような物件でも、オーナーの判断によって、家賃にばらつきがあるのも事実です。たとえば、「堅め」の家賃で早めに埋めたい方もいれば、「チャレンジング」な家賃を設定する方もいます。また、募集時期によっても家賃が異なる場合があるため、あらかじめ多少のばらつきは留意しておく必要があります。

Q4　他社で管理委託をしていますが、リノベーションは可能ですか？

A4　リノベーションの際にはあらかじめ、当社と賃貸管理業務を契約しておくことをおすすめしています。これは、前もって賃貸管理をＲＥＩＳＭに移しておくことで、前入居者の退去連絡が入った段階で、速やかに管理組合へ工事申請を行うなど、リノベーションの準備に入れるためです。退去連絡があってから賃貸管理を移行させる手続きに入った場合、前任の管理会社との引き継ぎ作業などに時間を要し、退去後の速やかな着工を行えず、完成までの工期が遅れることで、空室期間が長引く恐れがあります。

もし、お持ちの物件の中で、「リノベーションに向いているな」と思うものがあれば、現入居者の退去予定の有無に関わらず、事前の管理委託の変更をご検討ください。

他にも、現在の賃貸管理でサブリース契約を行なっている場合、そのままでは契約上、賃貸管理会社を変更することができません。サブリースの契約期間中は、貸主側からの解除が行えないのが一般的だからです。そのため、契約期間が満了するタイミングなどを見計らって、サブリースを解除するなどの対応が必要になります。詳しくは当社へご相談ください。

Q5　最近、「インスペクション」という言葉をよく聞くようになりました。リノベーションと関係はありますか？

A5　はい、ＲＥＩＳＭでリノベーションを行う物件は、その工事の前後に、２回の**インスペクション（建物現況調査）**を行います。

宅建業法の改正により、「既存建物の取引における情報提供の充実」が図られることになりました。具体的には、対象となる不動産への「建築士による雨漏り等の劣化事象などの建物状況調査」が、一部の義務づけをもって推進されます。

宅建業法で定められているのは、「指定講習を修了した建築士による調査」までですが、当社では「建築士の調査後に不具合是正の対応を行い、瑕疵保険をセットする」までを、あるべきインスペクションとして考え、すべてのリノベーションに実施します。

ＲＥＩＳＭでリノベーションを行うことで、お持ちの物件の躯体《くたい》の状況を確認でき、不具合への適切な対応や保険によるカバーなど、リノベーション後の安心した賃貸経営をお約束できます。

おわりに

ここまで読んでいただき、本当にありがとうございました。

最後に、みなさまにお伝えしたいことがいくつかあります。本書全体の「まとめ」とも言うべき内容ですが、もう少しだけおつきあいください。

本書でお伝えしたかったこと

本書のメインテーマは、「東京ワンルームマンションにリノベーションを施す」ということです。それにもかかわらず、本書では、最初に財務諸表を使って不動産投資の仕組みを解説し、続いて東京ワンルームマンションの特徴を確認してから、リノベーションの話に入らせていただきました。「本題に入るまでにずいぶんと回りくどいことをする本だな」と思われたかもしれません。

「はじめに」でも少しお伝えしましたが、その理由は「**リノベーションがみなさまの資産形成にとって、いかに効果のあるものなのか**」を本質的なところからしっかりとお伝えしたかったからです。

東京のワンルームマンションをリノベーションすると、だいたいの物件で家賃を上げられるものですが、それを単に「400万円前後の費用でリノベーションし、家賃が2万円アップした」という表現だけで片づけたくなかったのです。

私たちは、資産が形成される仕組みを本質的に理解することで、物件の〝稼ぐ力〟こそが、資産を育ててくれる源泉であることを確認できます。そして、その物件の〝稼ぐ力〟に多大な影響を及ぼすのがリノベーションです。なぜなら、物件の〝稼ぐ力〟は潜在総収入や空室損、運営費によって決まっていて、リノベーションはそのすべての項目に影響を及ぼすものだからです。

また、「**東京ワンルームマンションの特徴を明らかにする**」というところにも、相応のボリュームを割きました。

東京ワンルームマンションの強みは、同じように「空室損」や「運営費」を掘り下げることで確認できます。そして、その強みは「東京」という、世界的にも稀有な市場における「需給ギャップ」から生じています。つまり、需給ギャップが生み出す「家賃相場の高さ」、そして「平米あたりの家賃の高さ」が、東京ワンルームマンションならではの**「運営費比率の低さ」**を作り出しているのです。

さらに、運営費のほぼ大半を占めるのは、管理費や修繕積立金、内装費といった、建物の内外両面への維持管理にかかる費用です。ということは、「運営費は経年によってその金額が上昇していく性質のもの」ということが言えます。

経年によって運営費が上昇していく〝負〟のインパクトは、運営費比率と比例します（運営比率が低いほど、その〝負〟のインパクトは小さくなります）。

そもそも不動産投資の魅力が「時間軸を増やせる」ことにある、つまり「時間の経過を活用する」ところに妙味があるという点において、この「運営費比率の低さ」は東京ワンルームマンションのかなり注目すべき特性なのです。

そして、リノベーションを施すことは、この特性をさらに増幅してくれます。

リノベーションは、物件の面積を変えずに、取れる家賃を引き上げる、つまり平米あたりの家賃を引き上げることで、運営費の比率をさらに下げるのです。

以上のように、東京ワンルームマンションにリノベーションを施すことの真の効果を理解するには、「**不動産投資が資産形成につながる仕組み**」や、「**東京ワンルームマンションの特徴**」の本質的な理解が必要だと考えたのです。

不動産投資における選択とは

そして、もう1つ、ここまで東京ワンルームマンションのリノベーションを解説してきて、最後にお伝えしたいことがあります。

それは、「所有している物件にリノベーションを施す」という投資手法を手に入れることで、「**投資の幅や選択肢が広がる**」ということです。

不動産投資に必要な知識は非常に幅広く、その投資手法も様々なものがあります。その一方で、投資家が取れるアクションはそう多くありません。

言ってしまえば、投資家が不動産投資と向き合うときには、「買う」「持つ（運用する）」「売る」という3つのステージから、いずれかを選択しているに過ぎないのです。そして、どのステージにおいても最善の選択ができるよう、広範な知識や様々な投資手法を身につけようと努力するのです。

その上で投資家は、それぞれのステージで主要となる課題や、テーマと向き合うことになります。たとえば、次のようなものです。

「購入」↓　どの物件を買うのか？　どういうローンの組み方をするのか？
「所有」↓　いかにして収益性を維持向上するのか？
「売却」↓　どの物件を売るのか？　いつ売るのか？

本書でお伝えしてきたリノベーションは、「所有」というステージにおいて、「いかに収益性を維持向上させるか？」というテーマに対する回答の1つでした。

本書の内容をしっかりと理解し、しかるべき形で実践をしていただければ、所有をしている間の収益性の維持向上は現実的に可能になると思います。

リノベーションで広がる投資の幅

さらに、ここで強調しておきたいことがあります。この「所有物件へのリノベーション」という投資手法は、「購入」や「売却」というステージにおいても、私たちの選択に幅を持たせてくれるものだということです。

「購入」→ リノベーション向き物件の選定

「売却」→ 売却を前提としたリノベーション

たとえば、物件の購入を考えている場合、これまでは単純に「駅から近いか?」「築年数はどのくらいか?」「利回りは?」といった感じで、バリューアップを前提としない基準で物件選びをしていたと思います。

しかし、「リノベーションによる費用対効果が利回り10%を超えることがある」という事実を知った今では、これまでとは違った視点で物件を探すことが可能になるはずです。つまり、単に安い中古物件を探すだけはなく、エリアや部屋の面積など、リノベーションに適した物件にも目を向けるという方向性です。

現在の市場において、収益物件の売買価格は主に「エリア」や「築年数」「現状の家賃」といった要素で決められていることは、みなさんも肌感覚で理解されているでしょう。千代田区と杉並区では相応の価格差がありますし、物件のスペックがほぼ同じにもかかわらず、築10年の物件と築30年の物件が同じ売買価格だったとしたら、誰もが違和感を持つはずです。

その一方で、「リノベーションに適しているか?」という視点は、市場価格に反映されていません。つまり、所有後に10%を超える費用対効果が見込める物件だったとしても、結局はエリアや築年数、現状の家賃で価格が決められてしまうのです。

そういった市場で、「**将来のバリューアップ**」という視点を持って物件探しをすることは、〝隠れたお宝物件〟を見つけ出すチャンスにもつながります。

また、売却時においても、リノベーションによって物件の〝稼ぐ力〟を引き上げ、リスク要因を排除して期待利回りを引き下げることで、「**高値で売却する**」という選択肢も視野に入ってきます。そうなれば、複数持っている物件のうち、「どれを売却しようか？」といった判断基準の幅も広がるでしょう。

リノベーションがもたらす投資家への効用

また、「リノベーション」という投資手法は、「所有」中の物件に対する投資家の心理状態にも良い影響を与えます。有利な追加投資ができるという「選択肢」は、入居者退去というネガティブ要因に対する不安を一掃できるからです。

たとえば、私自身も東京都内の築古物件ということでは、目黒区に築30年の物件を所有し、賃貸経営をしています。

目黒の物件はリノベーションを施す前のもので、現在は10年以上の長期入居になっています。「リノベーション」という投資手法を理解していなければ、現入居者の退去は、私にとって歓迎できないものになるでしょう。原状回復費が高額になることが予想され、空室期間もそれなりに覚悟しなければならないからです。

しかし、実際にはリノベーションによる大幅な家賃アップが可能であり、本書でお伝えしてきたような、利回り10％を超える運用を追加できる読みがあります。もちろん、このまま長期入居を続けてくれれば安定的に家賃は入ってきますが、いざ退去になれば、それはそれで10％を超える投資を行えるチャンスに変わるのです。

つまり、**「現状が継続するも良し、変化があるも良し」**という理想の状態です。

一方、私は同じ東京都内の調布市にも、築30年クラスの物件を所有しています。こちらの物件も同じく、現入居者は10年を超える長期入居中ですが、こちらは退去後のリノベーションが難しい物件です。なぜなら、リノベーションの資金を投入しても、家賃アップの幅をあまり見込めないエリアだからです。

つまり、この調布と目黒は、「築30年」の「長期入居中」という一見同じ状況とも思える物件ですが、私にとっては意味合いが大きく異なるのです。

また、この2つには、築年数等以外にもう1つ共通点があります。長期入居中だからということもありますが、どちらの物件も、周辺の相場家賃より数千円ほど高く家賃が取れているのです。ですので、賃貸借契約更新のタイミングで、入居者から家賃の減額交渉が入る可能性もあるかなと考えています。

減額交渉が入った場合に、私の取れるアクションは、「退去して欲しくないので減額を受け入れる」か、「退去を覚悟してつっぱねる」のどちらかです。

みなさんおわかりだと思いますが、ここでも、2つの物件が取れる選択は異なってくるのです。目黒なら退去はむしろ、新たなワクワクする投資のチャンスにつながりますが、逆に調布は……ということです。

また、仮に所有している物件の家賃が相場より安かったという場合でも、同じことが言えるでしょう。その物件がリノベーションに向いているかどうかで、「家賃の値上げ交渉」というアクションが取れるかどうかも変わってくるのです。

このように、「所有物件をリノベーションする」という投資手法を自分のものにしたり、「リノベーションを見込んだ物件を所有する」ことは、投資家に心の余裕をもたらし、選択の幅を広げてくれることにもなるのです。

最後にみなさまへ

いかがでしたでしょうか。みなさまにとって本書がリノベーションの「発展的な可能性」を知っていただくきっかけになれば、著者としてうれしい限りです。

不動産投資は**「長期的な視点で考えればこその妙味」**というものがあります。長い年月の間にはさまざまな情勢の変化があり、想定したようにいかないこともありますが、投資家自らが幅広い知識や手法を身につけて柔軟に行動することで、多くの不安要素は排除できるものです。

これはリノベーションという手法に限った話ではないと思いますが、取れる選択の幅は広ければ広いほど、私たちの資産形成は盤石なものになります。

「Xという状況になったらA案を」「Yという状況になったらB案を」「B案が駄目ならC案を」といった感じで、引き出しが多ければ多いほど柔軟に対応できます。

そして、**「変化を続ける外部環境に対して、柔軟な対応を取れる準備が整っている」**という事実は、私たちに余裕のある良い精神状態を生み出し、様々な意思決定を冷静に行える土台を造ることにもなります。
本書でお伝えしてきた「所有物件をリノベーションする」という投資手法は、選択の幅を広げることで私たちの精神面にも良い影響を与えてくれるツールの1つとして活躍してくれるものです。
リノベーションという強力なツールをうまく活用し、資産形成をさらに柔軟で強固なものにすることで、みなさまの人生がより幸せなものになるよう心から願っています。

最後になりますが、本書の執筆にあたりご尽力いただいた田所陽一さん、五位野健一さん、中西啓一さん、熊倉理恵さん、出版の機会をいただいた弊社代表の齋藤社長、執筆に集中しやすいよう支えていただいた織田専務、通常業務のフォローという形でサポートいただいた平石義典さん、いつも応援してくれる家族に、心より感謝申し上げます。

2018年3月吉日　リズム株式会社　寺内　直哉

【著者紹介】

寺内直哉（てらうち・なおや）

リズム株式会社　アセットソリューション事業部部長
1972年生まれ。上智大学経済学部卒業後、ワンルームマンションデベロッパーにて営業職で経験を積んだ後、人材教育や社内改革に中心メンバーとして加わり、リズム株式会社起業に参画。現在は同社にて、物件紹介、リノベーション、金融機関借換、仲介による売却と、所有から運用、売却まで幅広く顧客の要望に沿ったコンサルティングを行っている。個人としても、都内のワンルームマンションを中心に、5戸の区分所有賃貸経営を実践中で、賃貸経営歴は15年。公認不動産コンサルティングマスター、宅地建物取引士、FP技能士1級。

リズム株式会社
http://www.re-ism.co.jp/

〈参考文献〉
『借金を返すと儲かるのか？』岩谷誠治著　日本経済新聞出版社
『30歳から考える　マンションオーナーのセオリー』巻口成憲著　かんき出版
『誰も書かなかった不動産投資の出口戦略・組合せ戦略　詳細解説版』猪俣淳著　住宅新報社

ブックデザイン：中西啓一（panix）
本文 DTP ＆図表作成：横内俊彦

東京 1R マンションオーナー必読！
リノベーション投資入門

2018年4月7日　初版発行

著　者　寺内直哉
発行者　野村直克
発行所　総合法令出版株式会社
〒103-0001　東京都中央区日本橋小伝馬町 15-18
ユニゾ小伝馬町ビル 9 階
電話 03-5623-5121

印刷・製本　中央精版印刷株式会社

ISBN 978-4-86280-607-9
総合法令出版ホームページ　http://www.horei.com/